我相信！

傑・艾利森 (Jay Allison)
丹・蓋德曼 (Dan Gediman)◎著

林以舜◎譯

高寶書版集團

勵志書架005

我相信：80個觸動人心的生命故事

This I Believe: The Personal Philosophies of Remarkable Men and Women

作　　者：傑・艾利森 & 丹・蓋德曼 (Jay Allison & Dan Gediman)
譯　　者：林以舜
總 編 輯：林秀禎
編　　輯：陳怡君
出 版 者：英屬維京群島商高寶國際有限公司台灣分公司
Global Group Holdings, Ltd.
地　　址：台北市內湖區洲子街88號3樓
網　　址：gobooks.com.tw
電　　話：(02) 27992788
E-mail：readers@gobooks.com.tw（讀者服務部）
pr@gobooks.com.tw（公關諮詢部）
電　　傳：出版部（02）27990909　　行銷部（02）27993088
郵政劃撥：19394552
戶　　名：英屬維京群島商高寶國際有限公司台灣分公司
發　　行：希代多媒體書版股份有限公司/Printed in Taiwan
初版日期：2008 年 1 月

Published by arrangement through Bardon-Chinese Media Agency

國家圖書館出版品預行編目資料

我相信：80個觸動人心的生命故事 / 傑・艾利森 & 丹・蓋德曼 (Jay Allison & Dan Gediman)著 ; 林以舜譯. -- 初版. -- 臺北市 : 高寶國際出版 : 希代多媒體發行, 2008.1
面 ;　公分. -- (勵志書架 ; EB005)
譯自:This I Believe: The Personal Philosophies of Remarkable Men and Women

ISBN 978-986-185-143-3(平裝)
1.人生觀　2.生活指導　3.信心

191.9　　96024938

《我相信》不只是一本特別的書，它充滿許多分享、溫暖色調與愛的真實故事，而這些故事源自於一九五〇年代同名的廣播節目。在閱讀的瞬間，文字帶領我們進入形形色色之人的思想與心靈之中，進行一段段令人感動和振奮的旅程……他們勇敢地在「我相信」節目中說出他們的信念。

每個人都有屬於自己的故事，包括你我，閱讀《我相信》，讓我發現並重溫了自己剛踏入廣播媒體工作的信念，再次發掘與人分享的快樂，即便這世界不如大家眼中的完美，「我相信」我還是可以盡我的一份心力，把希望的種子傳遞出去。閱讀《我相信》有一種無法言語的感動與暖流溫暖我心，也感受到一股生命的熱度……其力量原來是如此強大！

——朱衛茵

「把這麼多人的信仰捧在掌心，就和最初在廣播上聽到時的感受一樣美好，一樣擲地有聲。由衷地、深受珍愛的信仰，生活的理論（但是它們都不是空談理論）。滋養心靈的想法和理念。你可以在他們的臉上，在這本書的照片裡看到他們。在他們的話語中讀到它們。我非常自豪，NPR能夠把艾德華・穆洛的這個傳統帶進新的世紀。也很高興能夠將它們出版成書，讓我們能夠一再地與這些信仰相遇。」

——蘇珊・史丹伯

「我的父親艾德華・穆洛說：他人的『新鮮想法』幫助他面對自己的挑戰。這本發人省思的《我相信》散文合輯，同時收錄NPR播送的新節目和一九五〇年代原系列的文章，為所有人提供新鮮的想法！」

——凱西・穆洛

「閱讀這本書使我對這個國家燃起一種罕見的感受：對於一起生活在這裡，在背景、經歷和夢想各方面都有極大差異的各色人種，一種非常深切的感受。就像諾曼・洛克威爾的畫作一樣，其中所有的人物都是真實的，所有的故事也都是真的。閱讀這本書使我對美國充滿希望。那是近來很少感受到的希望。」

——艾拉・葛拉斯

「現在，就和艾德華・穆洛提出『我相信』這個想法的時候一樣，這個思想前衛的作品成為當代犬儒哲學的解毒劑。」

——丹尼爾・索爾

「『我相信』就是第一修正案的精神，來自社會各階層的美國人——從過去和現在——寫下自己的個人信仰。你會同意一些人的看法。你會反對一些人的看法。但是這正是重點所在：尊重另一個人自由發言的權利。我相信，當我們花時間去聆聽時，就可以就彼此身上學習到新的事物。」

——伊莉莎白・艾德華

·目 錄·

Contents

·目　錄·

Contents

·目　錄·

前言

史塔茲・特克爾

「在一個所有潮流湧向一致的目標、異議往往被誤認為顛覆、個人信仰和行為可能成為被調查對象的時代裡……」

這段話聽來像是在二〇〇六年發出的絕望呼救聲音，但它是在一九五二年寫成的。艾德華・穆洛（Ed Murrow）在介紹「我相信」的錄音合輯時所說的話，就像一把高音號角。

那是一個古老的故事，但是永遠切合時代。一七九一年，美國革命中最善辯的遠見家湯姆・潘恩曾高聲說：

全世界都在追求自由；理智被視為背叛，而恐懼的奴役使人類懼於思考。但是真理具有無可反駁的本質：它所要求的，就是參與的自由……在這樣的情況下，人類才成為人類。他不是用非人性的天敵的角度來看待自己的同類，而是視之為親屬……

你在這本新合輯的所有聲音中，都可以聽見一個共同的理念，那就是對這個真理的追求。

我們不需要堅持那個老問題：何謂真理？你自己親身聽聞的真理可能和接收到的官方版不同。因此，彼拉多（譯註：下令將耶穌釘死於十字架的羅馬官員）只需要做一個決定：找到有罪的那個人，否則身為法官的他就會被調回偏僻地區。彼拉多做的是任何一個循規蹈矩的受雇者都會做的事。雖然他刷洗雙手，用純度九九．四四%的象牙皂洗淨，卻仍然無法抹去他參與其中的可怕事實。雖然彼拉多的妻子求他展現憐憫，他仍然做了一個客觀的決定。

在我們的時代，英國記者才俊詹姆斯．卡麥隆用自己的方式來處理同樣的議題。「我記不得有多少次被人指責說我不理會公正新聞報導的基本原則，也就是客觀。」

越戰期間，他在北越的親身見聞使他相信，儘管華盛頓的所有官方論述都呈現反面的論調，他仍相信北越居住的是人類，不是惡魔。他被指責為不客觀和帶有偏見。卡麥隆承認說：「我或許不見得能夠在平衡報導方面做到令人滿意的程度；我一向的主張都是：客觀不比真相來得重要。」

作品亦收錄於本書中的紀錄片導演艾若．摩理斯抱持著和卡麥隆一樣的固執：「真理不是相對的……它可能難以捉摸或隱而未現。人們可能想要加以忽略，但是真理確實存在。」真正令摩理斯著迷的是對真理的追求：「試圖明白究竟發生了什麼事，試圖明白其中的真相。」

追求就是一切的重點。追求的目標永遠都是真理。

在薩格港的一塊小小土地上，有一顆不起眼的石頭，很容易被人忽視。尼爾森・艾格林（譯註：美國作家）埋葬在那裡，他的墓誌銘很簡單：「旅程就是一切。」《新共和》的編輯安德魯・蘇利文作品亦收錄於本書；他也有類似的看法。他和艾格林的政治觀點可能有極大的差異，但是他們的基本信仰卻如出一轍。「我相信對幸福的追求。不是得到幸福，也不是追求幸福的最終定義，而是追求的過程。」

如果不提到海倫・凱勒，我就有瀆職之嫌。我們在五十年前看到她的願景，聽到她的聲音，而她是一個既聾又啞且瞎的孩子。正是她的驚奇感受以及對真理的追求，使她比目明的人看得更清楚，比聽力無損的人聽得更明晰。她清楚聽見的是全世界都需要的聲音。其中最重要的是，她相信人類比他們的行為來得善良。

我所相信的是這些元素的總和。是的，我確實擁有自己的立場，而且我懷疑自己可能表達得太過頻繁。但是總有不確定性存在。在與數以百計的美國人往來的冒險過程中，我發現經驗法則沒有用。我往往因著我所拜訪的人而驚訝不已：平凡的美國人，不時地在洞察力和夢想中表現出非凡的一面。

我發現「自由派」和「保守派」這些標籤沒有太大意義。我們的語言已經和許多人的思想一起遭受扭曲。

「自由派」在任何字典中的定義都是指言論的自由，無論官方意見是什麼；以及悍衛所有發言人的權利，無論他們同不同意你的論點。至於「保守」這個字，我一向把它用在保護我們的環境不受汙染，確保水源適於飲用，草地長青。因此我宣稱自己是個激進的保守派。之所以激進，是因為追根究柢。巴斯德（譯註：法國化學家及細菌學家）是個激進者。瑟莫魏斯（譯註：首先證實洗手能夠有效控制院內感染的匈牙利籍婦產科醫師）是個激進者。他對醫生和護士宣布：「要洗手。」或許他在混亂之中焦躁不安，但是他追求真相、發現真相，並且拯救了數百萬不知真相的人。我是個保守派，因為我全力保護蔚藍的天空、新鮮的空氣（越來越少了）、權利法案第一修正案，以及任何我們可能尚餘的健全心智。至於信仰，我一向自稱為不可知論者。如果安布羅斯・畢爾斯如今仍在世，他一定會在他的《惡魔字典》（Devil's Dictionary）中加入：「不可知論者是個懦弱的無神論者。」或許吧。但是或許我真的相信，自從大爆炸以來，就有一個神住在每一個人心裡。

私底下，我羨慕那些相信來世的人，以及因此所衍生出來的，可能與所愛之人再次相遇的想法。他們無法超越合理的懷疑，證明確有這樣的地方存在。但我也無法證明它不存在。我找不到願意接受我就這件事下注的賭博商人。猜對的人怎麼拿他贏得的獎金？因此我可以代表全球的賭博業者發言，不接受任何賭注。

也許詩人濟慈在《希臘古甕頌》中所說的終究是對的。他羨慕那個永遠在追求他的愛，而永遠都追不到的幸運年輕人。追求就是一切。

但是有一些事情是我全然相信，毫不懷疑的。當我們生活在這個世界上，有一件事情是我們可以做的，就是成為行動主義者，追求一個讓所有人更容易產生正直行為的世界。（這是闡述成立天主教工人運動的桃樂絲．黛的看法。）

成為一個行動主義者的意義明顯易見：你採取行動；你參與自己以外的某件事。你和其他人同行，這些人對於該主題（例如戰爭、公民自由、人權）的想法可能和你一模一樣，使你驚訝無比。

我的信仰是在美國歷史上最混亂的時代中成形的，也就是一九三〇年代的經濟大蕭條時期。我記得在人行道上看到的鍋盤和床墊。有一個家庭剛被房東趕出來，傳出一道絕望的哭聲。有相同遭遇的人數以百萬計。但是那個社區裡有一些人，就在那個街區上，電工、水管工和木工，他們就在那天傍晚出現，把家庭用品搬回他們原先所在的公寓裡。他們打開瓦斯，修好水管。那是一個採取行動、獲得一些成就的社區。

愛因斯坦曾經觀察到，西方人有一種感覺：如果加入工會或任何團體，就會失去自由。事實正好相反。一旦你加入其他人的行列，即使一開始你們的任務失敗，你也會變得不一樣，你會成為一個更強壯的人。你會覺得自己真的很重要，發現自己身為一個個體的力量，因為在過程中你已經發現其他人和你有共同的信仰，你並不孤單；社群因此而形成。我闡釋的是愛因斯坦的話。我喜歡這樣做；因為沒有人膽敢說我是錯的。

因此，我的信條包括追求，以及行動。兩者缺了一樣，就是自我放縱。我如此相信。

序

傑・艾利森

「我相信」提出一個簡單卻困難的邀請：用幾百個字表達導引你生活的核心原則——你的個人信念。

我們向政治家、護士、藝術家、建築工人、運動員、父母、學生、名人，以及無名小卒，每一個人，提出這個邀請。本書所有的作者都接受這份邀請。

他們所做的事帶有風險。他們寫下自己最堅持的信念，然後在充滿攻擊、肆意抨擊和混亂的媒體氛圍中，透過廣播向數百萬聽眾講述。這種認真、公開的表白本身就是一種勇敢的行為。每天早上閱讀數百篇寄到電子郵件信箱的文章的編輯都承認這一點。這樣的行為令我們感動，說我們帶著榮譽感來做這件工作並不為過。

這個系列的所有編輯都知道撰寫這樣的文章有多困難，因為我們都嘗試過。一九五〇年代原系列的作者也嘗試過。就和我們收到的數千篇文章中的大部分一樣，這些文章不會出現在廣播中，而且在大部分的情況下，除了作者之外，不會有別人閱讀。但是我們相信這個練習很重要；單是嘗試本身就有其價值。

這本書的核心是一份邀請，邀請你自己進行嘗試。

「我相信」節目於一九五一年首播，由艾德華・穆洛主持。一群編輯投入這項計畫五年之久，使這個系列成為廣播的每日重點節目，最後成為出版業的非凡成就。

原系列結束五十年後，我們覺得重製這個節目的時候到了。就和一九五〇年代一樣，各種信仰分割了我們的國家和世界。我們發現自己在道德標準、愛國精神、家庭，以及種族和信仰的議題上有所衝突。但是在有史以來最無孔不入的訊息傳播系統之中，卻沒有多少空間鼓勵人們聆聽其他人的信仰，不做任何反駁或批評。

日漸明顯的趨勢是，新聞報導不再以當天的事件為基礎，而是當下。一小時即成過去。即時性的價值何時消失的？在我們知道上一秒發生什麼事情的時候？還是上一毫秒？但是「我相信」朝著截然不同的方向前進。它所在意的不是在剎那間就能習得的事，而是需要窮畢生之力才能學會的教訓。當「我相信」出現在NPR的新聞節目「思慮周全」和「晨報」裡時，時間發生了微妙的變化。日常生活的喧囂被拋諸腦後；這個時刻引人注目的不是它的吵鬧，而是寧靜。

在重製「我相信」節目時，我們得到原創團隊的協助。我們對文章作者提出同樣的要求：用正面的話語架構你的信仰。不要強調你不相信的事。避免重複教條。把焦點放在個人，標題裡的「我」，而不是巧妙的說教式用語「我們」。雖然你可能抱持許多信念，但請以一個為主要重點。以事實為標的，不要指責，表現愛國精神而非政治口號，以及超越宗教教義的信仰。

我們發現有些作者在講述故事時表現得最好，也許是信仰成形的時刻，或是受到考驗，或是獲得證實的時候。也有人剝去自己所受教導的外衣，剖析他們以為自己應該相信的事，甚至是他們一向認為自己相信的事。

在這本書裡，你會看到五十年前的文章和現代的文章，並且發現它們的主題差異並不大。人們仍然在尋找意義，想要幫助他人，試圖戰勝恐懼，對於死亡和生命感到好奇。雖然現在我們的風格可能較為隨性，但是這個練習往往促使人發出正式的宣告，一個經過深思熟慮、值得為它而戰的陳述。

關於過程的一些說明。我們的系列和一九五〇年代系列之間的差異之一在於，我們公開徵求文章。我們透過網際網路，經由網站（www.thisibelieve.org）接受投稿。在這篇文章完成時（二〇〇六年春天），我們在麻薩諸塞州伍茲荷的審閱小組已經拜讀過一萬三千多篇文章。我們挑選表達及觀點突出的文章，或是單純地因為我們記得文章的內容。所有的作者，包括我們為了系列需要而邀稿，以及經由網際網路投稿而獲選者，都配合廣播的需要加以編輯——有時候僅略做修改，有時候需要大幅編修——直到所有人都滿意為止。作者通常在住所附近的錄音室錄音，我透過電話指導他們的讀音。最後，我們的攝影師去拜訪他們，拍攝他們的照片。

在閱讀來稿時，我們注意到一些趨勢。許多人提供關於金科玉律（譯註：指聖經「你們願意人怎樣待你們，你們也要怎樣待人」的教導）、活在當下、愛和給予的重要性等原則的親身見證。有人寫到家庭、神，以及國家。在接近疾病和死亡時，會更敏銳地感受到生命的價值，因而學習到深刻的教訓；舉例來說，阿茲海默症往往令人檢視人性和信仰的基本本質。或許同樣值得注意的是一些常見的浮誇陷阱：自以為是，為他人提供藥方、自我吹噓、陳腔濫調，以及偽裝的攻擊。

大部分的文章作者認真地嘗試判斷自己相信的是什麼。在我們的線上投稿表格中有一個欄位，可以填寫關於寫作過程的反思。許多作者表達了對於這個機會的感謝之意，或表示受到督促，或表示接受挑戰。通常他們會發現並不容易。有一位作者說，這就像使用小旅行袋為長途旅行打包做準備。有些作者提到他們和其他人分享自己的文章，在自己的社交圈裡「廣播」。有人在婚禮和葬禮中朗讀「我相信」的文章，在生日時作為餽贈之禮，或向親友索要。全美國各地的大學及高中院校展開這項計畫；佛蒙特州的一間學校在當地的公共圖書館舉辦文章朗讀之夜，參加人數眾多。有老師要求學生撰寫文章之後，覺得自己也應該寫一篇。如果讀者有興趣自己撰寫文章，本書附錄提供這個系列的歷史、寫作指導，以及供作者、老師、教會，和社群團體使用的資源。我們的網站則可找到所有投稿文章的線上資料庫。

信仰就是選擇。沒有人能夠主宰你的個人信仰。只有當你不知道自己的信仰為何時，你的信仰才處於險境之中。

要了解你自己的信仰，以及其他人的信仰，必須透過專注的思考和討論。現在大部分的公開對話都經由規模日漸縮小的跨國企業所擁有的媒體通路來傳播。健康的民主制度需要規避守門人的管道，好讓我們能夠直接和彼此溝通，或許甚至能夠找到共同點。「我相信」是在公開的環境中，進行哲學式自我檢視的練習。它興起於最基層，人們從此可以開始聆聽其他人的聲音，而且一次只聽到一個人的聲音。

我自己的「我相信」文章開頭就說：「我相信傾聽……」這話出自一個以廣播和公共廣播為業的人之口，一點也不奇怪。在我家鄉的廣播站，這是我們的座右銘，也是我們開始播音時所說的第一個字。聽。如果說有證據可以證明對於聆聽的信仰，這個證據就存在於這些文章之中。

因此，花一些時間思想導引他人生活的信仰，這些信仰可能證實你的信仰，或是挑戰你的信仰，甚至打開你的思想，接受新的看法。

當你這樣做以後，想想這個問題：你會說什麼？

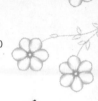

透過給予，我與他人建立聯繫

——我相信你所擁有的就是你所付出的。透過付出自己，你才能變得富有。

伊莎貝兒・阿言德

我過著熱情而匆忙的生活，試圖完成太多事情。在二十八歲的女兒寶拉患病之前，我從來沒有時間思考我的信仰。她昏迷了一年，我在家裡照顧她，直到她於一九九二年十二月在我的懷中告別這個世界。

在那痛苦的一年，以及隨後的悲傷年月中，我的一切都停滯了。無事可做——只有哭泣和懷念。但是，那一年也給我機會思考我的人生旅程，以及使我不致崩潰的原則。我發現我的信仰、我的著作，以及我的生活方式中有其一致性。我並沒有改變；我仍然是五十年前的那個女孩，也是一九七〇年代的那個年輕女性。我仍然渴望生命，我仍然非常獨立，我仍然渴望正義，而且我很容易瘋狂地墜入愛河。

儘管我的女兒寶拉癱瘓而沉默地躺在床上，她仍教導我一個功課，現在成為我的人生格言：你所擁有的就是你所付出的。透過付出自己，你才能變得富有。

寶拉過著服務的一生。她擔任義工，幫助婦女和兒童，一天八小時，一週六天。她從來不曾擁有鉅款，但是她的需求非常少。當她去世時，她一無所有，也一無所缺。在她患病期間，我必須鬆手放開一切：她的笑聲、她的聲音、她的優雅、她的美麗、她的陪伴，最後是她的靈魂。當她去世時，我以為我已經失去一切。但是後來我明白，我仍然擁有我給予她的愛。我甚至不知道她是否能夠接受那份愛。她無法用任何方式回應，她的雙眼如同昏暗的水池，不能反射絲毫亮光。但是我充滿了愛，而這份愛不斷地成長和加倍，並且開花結果。

失去孩子的痛苦是一個令人淨化的經驗。我必須拋棄所有多餘的負擔，只留下最重要的東西。因為寶拉之故，我不再緊抓住任何東西。現在我喜歡付出，更甚於領受。當我愛人時，比我被愛的時候更加快樂。我熱愛我的丈夫，我的兒子，我的孫兒女，我的母親，我的狗，而且坦白說，我甚至不知道他們是否愛我。但是誰在乎呢？愛他們就是我的喜樂。

付出，付出，付出——如果我不付出經驗、知識或才幹，擁有它們又有何意義？如果我不和他人分享故事，知道這些故事有何意義？如果我不分享財富，擁有財富有何意義？我不想帶著這些東西一起火葬！正是在付出當中，我和其他人，和世界，還有和上帝建立關係。

正是在付出當中，我感受到我女兒的靈魂留在我裡面，像一陣柔和的氣息。

伊莎貝兒．阿言德（Isabel Allende）是位小說家，出生於祕魯，在智利長大。當她的叔叔，也就是智利總統薩爾瓦多．阿言德於一九七三年遭暗殺之後，她與丈夫和兒女逃到委內瑞拉。阿言德創作過十二本以上的小說，包括《金色豪門》及一本自傳：《我虛構的國家》。

沒有比為人父母更重要的工作

——我相信母親用她身為人母的地位改變了世界上許多人的生命。

班傑明・卡森

最簡單的說法是：我相信我的母親。

當我還只是個孩子的時候，就開始了我的信仰。我夢想成為一個醫生。我的母親是家庭主婦。她透過工作，觀察到成功的人用於閱讀的時間遠多於看電視的時間。於是她宣布我和哥哥在週間只能收看兩三個預先選擇的電視節目。在空出來的時間裡，我們必須各讀兩本從底特律公共圖書館借來的書，並且撰寫讀書心得交給她。她會在報告上打勾和畫重點。多年以後，我們知道她的批改只是一種詭計。我的母親並不識字；她只受過三年的教育。

雖然我們沒有錢，但是在那些書頁間，我可以前往任何地方，做任何事，成為任何人。

我剛進入高中時，是個好學生，但是為時不久。我想要時髦的衣服。我要和朋友共處。我的成績從A變成B，再變成C，但是我不在乎。我獲得同儕的肯定；我很酷。

有一天晚上，我的母親結束多份工作，下班回家，我抱怨說我的義大利針織襯衫不夠多。她說：「好，我把這個禮拜拖地和清掃浴室賺到的錢都給你，你負責買家裡的食物和付帳單。剩下的錢都可以拿去買你要的義大利針織襯衫。」

我很高興這樣的安排，但是在我分配好這筆錢以後，就一毛不剩了。我明白我的母親是個理財高手，才能使我們有地方可住，有食物可吃，更不用說是買衣服了。

我也明白當下的滿足不能帶給我任何益處。成功需要智慧作為準備。

我重拾書本，再度成為成績甲等的學生，最後我實現了夢想，成為一位醫生。

這些年以來，我母親對神的堅定信仰激勵著我，尤其是當我必須執行非常困難的手術，或是發現自己面對醫療恐懼之時。

幾年以前，我發現自己罹患一種非常具侵略性的攝護腺癌；我被告知說病情可能已經蔓延到脊椎。我的母親堅定地相信神。她從來不曾擔憂。她說神還沒有放棄我；這絕對不會是個大問題。後來發現，我的脊椎骨異常是良性腫瘤；我得以經由手術治療，並接受醫治。

我的故事其實是我母親的故事——一個只接受過少許正式教育、只擁有少許屬世財產的女人，用她身為人母的地位改變了世界上許多人的生命。沒有比為人父母更重要的工作。我深深相信這一點。

班傑明・卡森（Benjamin Carson）是約翰霍普金斯兒童中心的小兒神經外科主任。他的專業包括分割連體嬰和進行腦部手術以控制中風。卡森成立的一個學術基金已經幫助約一千七百位學生完成大學學業。他的母親已經退休，和卡森及其家人住在一起。

潛藏於隱沒才能中的藝術性

——我相信我們會被創意的力量和美麗所改變。

梅爾．拉斯諾夫

我相信應該開發隱藏的才能，那些深深埋藏，與我們謀生無關的才能。

在日常生活中，我是個土木工程師。我在屬於自己的小隔間裡默默地工作，謀得一份令人滿足、安適的生活。但是在我的另一個生活裡，我是個鋼琴師，用我的雙手為巴哈、莫札特和蕭邦的作品注入生命。

在求取工程學位時，我在一處退休社區的餐廳擔任服務生。有一天在休息的時候，我在一間會議室裡發現一架鋼琴。我坐下來，彈了幾首巴哈的二部創意曲。清脆、強烈的節奏與和弦流入走廊。因為收聽廣播而痲木的居民猶豫地向房間裡偷望，然後坐下來聆聽。

他們不可置信地看到平凡、年老、隱形的梅爾，午餐時的服務生。「是她在彈鋼琴！」「你在那裡學的？」「你彈琴多久了？」「你能不能彈拉赫曼尼諾夫的作品？」

他們不再允許我迅速而無聲地從他們的餐桌旁消失。「梅爾，等一下。你覺得誰比較優秀，是古德還是霍羅維茲？」我回答：「古德。」隨後發生一場激烈的辯論。

整整二十餘年的時間，我沉浸在工程學的事業裡，放任我的音樂生命死去，但是當我遇到其他人的祕密創意生活時，總會想起它來。在一場假日音樂會中，我聽到一個男高音，那聲音如此輝煌，使我熱淚盈眶。那是我所聽過最甜美、最令人感動的「平安夜」演唱。這個熟練的聲音是一位同事史提夫所有，我已經和他在鄰接的小隔間裡並肩工作了許多年。

我根據他的職業，狹隘地定義了他的身分，對其他許多人也是如此。由於我允許自己的藝術生活被工作吞沒，疲累的不願意花費時間在其他事物上，因此我假設其他所有努力工作的人也都如此。但是史提夫的藝術天分使我想起自己隱藏的才能。我再度開始練習，並且開始師事一位老師，他督促我每週都要練琴，要彈得更好，要邁向下一個更高的境界。

曾經有一次，我感到信心十足，便在等候轉機時，於一處機場大廳彈奏莫扎特的奏鳴曲。人們緩下腳步，甚至駐足聆聽；讀書的人從座位上抬眼張望。我看到微笑，還有少許的喝采。我想：在我結束新建商店街的工程設計簡報之後，並沒有人對我微笑和鼓掌。

我相信我們不只是小隔間的居民，不只是工程師，甚至不只是父母、丈夫，以及妻子。我相信我們會被創意的力量和美麗所改變，並建立關係。

梅爾．拉斯諾夫（Mel Rusnov）是康乃狄克州伍德貝里的土木工程師。她對音樂的喜愛源自於父親，他在一個克羅埃西亞民謠樂團中演奏，並帶她去參加家鄉克里夫蘭的管絃樂音樂會。除了彈鋼琴之外，拉斯諾夫也喜歡教導當地高中學生學習數學。

爵士樂是上帝的笑聲

可琳・薩多克斯

——我相信爵士樂最基本的樂觀主義。

爵士樂是上帝的笑聲。而且我堅信這一點。

孩提時代，我在叔叔的小型鋼琴底下伸展手腳，從而接觸爵士樂。我會在查理叔叔練習的時候，躺在那裡畫畫，長達數小時。我可以感受到那股激動，用爵士樂充滿我的身體。我在那個房間裡，比在世界上的任何地方都快樂，其中有大部分原因是因為我獲准進入我最喜歡的大人的至聖所。但是回顧當時，我知道音樂也是很重要的原因之一。

我相信爵士樂最基本的樂觀主義。想一想「藍色狂想曲」的前四個音符吧。你聽見了嗎？它說：「有一件重要的事情即將發生。一件過去從來不曾發生的事。而你即將見證它的發生。」

爵士樂總是如此。即使是引領你進入沮喪的歌曲也能提升你的心靈。那是因為爵士樂記得它的源頭——來自被綁架和被奴役的人們。它源自一種每天遭受數千種不同方式攻擊，但是從來不曾被打敗的人性。它是人民的音樂（People's Music）。

我記得叔叔在鋼琴上舞動的手。他的手指上總有小小的灼傷，那是他從事焊接所造成的職業傷害。他白天在布魯克林海軍廠建造贏得第二次世界大戰的船隻，晚上則為在城市裡的磨光地板上滑步跳舞的情侶演奏鋼琴和薩克斯風。

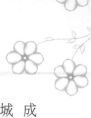

任何人都能融入爵士樂。它沒有教條，因此音樂得以自由發揮。如此一來，你就不得不擁有信心，相信如果你繼續向前行，就能到達目的地。

成年以後，癌症考驗我的信心。我不怕死——畢竟，死亡只不過如同音樂轉調——但是我對於孩子會失去母親這件事感到非常恐懼。有一天，我和兒子（他的名字和我叔叔相同，並非偶然）一起在森林裡散步，我努力不讓淚水掉下來。查理注意到一些蜜蜂，便開始模仿牠們的聲音。突然間，他唱出「嗡，嗡，嗡，嗡嗡。」這是「綠海豚街」的開場音符，那是一首爵士樂經典作，我敢說很少有三歲大的孩子知道這首歌。

還好，我活下來了。然而即使我未能活命，我也在那天知道我永遠不會離開我的查理，正如查理叔叔從來不曾離開我一樣。我們三個人共同享有一份代代相傳的寶藏。我的孩子知道爵士樂，就像知道宇宙會帶領我們走向喜樂的重逢一樣。

今天的世界有一些醜惡的雜音。我在任何時刻打開電視，都會看到人們彼此摧殘，以獲得更大的利益。有時候我會感到沮喪。但是在美好的日子裡，我會關上電視，播放奧斯卡．彼得森的音樂。而且我為美國輕聲禱告，希望她能夠記得我們是「青洋蔥」、「珍珠串」、「禮拜天的愛情」，以及「討厭的小鬼」。我們是路易士、喬治、麥爾斯，以及溫頓的子民。我們是爵士樂的百姓。

我相信，我們終將到達彼端。

可琳・薩多克斯（Colleen Shaddox）說，你可以是個喜愛音樂的音痴；她就是活生生的見證。她是作家、編輯，也是一家為健康照顧公司和非營利機構提供服務的公共關係機構的擁有者。薩多克斯和丈夫、兒子，還有狗，一起住在康乃迪克州。

烤肉永不嫌太多

——我相信烤肉可以作為心靈的食糧，也可以作為兼具撫慰和慶祝意義的菜餚。

傑森・施漢

收聽這個節目數週之後，我知道我也可以做個三分鐘的節目。當然不是關於世界和平或是如何在日漸混亂的世界裡追尋人生意義，或是任何類似的重大而嚴肅的主題，但卻是一個同樣真實的信仰。

我相信烤肉。烤肉可以作為心靈的食糧、安慰的食糧和健康食糧，也可以作為兼具撫慰和慶祝意義的菜餚。當我感覺很好時，我想吃烤肉。當我覺得不好時，我只想吃更多的烤肉。我相信烤肉各種地區性的調理法，相信不同民族處理烤肉的方式，相信烤肉的各種形態，從放在白色餐桌上、巧妙醃製的烤肉，到把手指染紅的外帶中式排骨，再到最有份量的產品——以焦油紙包裹的美國南方肋排，無一不宜。我相信，就像日光和美好的性愛一樣，只要有烤肉，日子就不會難過。

我相信礦工代代相傳的藝術，他們默默無聞地工作，使慢火煙燻的技藝得以流傳下來；自從有火以來，就開始運用這個技術。烤肉的廚師必須對自己的工作有著深入的認識，火焰和熱氣對流的特性、肉與熱度與煙的自然科學——然後完全忘記這一切，使烤肉的過程轉化成一種自然而然、近似於禪的直覺。

我相信推動文化的是烤肉，而不是透過其他的方法。在美國南方，為了追求平等和公民權而率先發起的抗爭，並非全部發生在法庭或學校或公車上，有一部分則是發生在烤肉屋裡。在南方，早在其他公共場所廢除種族隔離制度之前，就有一些餐廳、住家後院，以及鄉間小館這麼做了。

我相信上好的烤肉不需要裝飾，而且無論如何包裝，都無損最佳烤肉的地位。在烤肉店裡，用紙盤就可以。紙巾也沒問題。塑膠餐具亦可。而且我相信，任何餐廳只要菜單長度超過一個頁面，都大有裝腔作勢之嫌。最好是一塊黑板就能容納整份菜單。

我相信好的烤肉需要配菜，就像好的藍調音樂需要節奏一樣，而且只有一個規則：隨你喜好去搭配，但是無論你如何搭配，新鮮是首要條件。請某個人的母親到廚房去預備馬鈴薯、熱狗和甜茶，因為她們知道自己在做什麼——至少會比將調味馬鈴薯泥成噸包裝的生產線工人來得好。

我相信真正的烤肉在上菜時應該以超大份量供應。瘦子可以吃烤肉，也會吃烤肉，但是廚房應該要為一個從早餐後就沒有吃東西的胖子作菜。我沒有吃完的部分應該可以再吃上好幾天。

我相信，如果你在吃東西時，指甲沒有沾上醬汁，表示你沒有抓到要領。我相信，如果你沒有毀了身上的襯衫，你就不夠努力。

我相信——我知道——烤肉永不嫌太多。無論是好，是壞，或是不好不壞，無論是老式煙燻或高科技而現代化料理法；都不重要。烤肉沒有現代菜餚的諸多花招和把戲，它就是真理；它是歷史和家庭，而我惟一不相信的就是我會有吃夠的一天。

傑森·施漢（Jason Sheehan）是獲得詹姆士·柏德獎的餐廳評論家，任職於丹佛的《西語》報社。他於十六歲時，前往其家鄉紐約州洛徹斯特的赫克力斯烤雞肋排館用餐，從此開始對烤肉痴迷。雖然他擔任主廚達十三年之久，在家裡他卻讓太太作飯。

以創意面對生命的挑戰

——我相信最高品質的生活是充滿藝術和創意表現的生活。

法蘭克・渥克

我相信我們稱之為生存技巧的事物，其實只是創意的發揮。

當我想到我的母親撫養七個小孩，讓我們覺得每天都是一場「不同的盛宴」時，我仍然欣賞一個有創意的廚師可以用一顆馬鈴薯做出多少變化。

而且不只在廚房是如此。她會把老舊的勝家縫紉機翻出來，研究書中和雜誌裡的圖片，然後做出和書上相同的娃娃和填充動物的各種版本，在教會的義賣中出售。家裡沒有電視轉移我們的注意力，所以我們將娃娃做得栩栩如生，一次就可以用一把棉花填滿中空的袖子。

我母親自己縫製衣服，還有我所有姐妹的畢業舞會禮服及婚紗。當她在製作東西時，我都會知道，因為她會唱歌和哼曲子。在完成花紋設計和內裡裝飾的自修課程時，她會一直唱歌。她使創意變得像呼吸一樣自然，並且鼓勵我們參與；她告訴我們：「閒懶的雙手和思想是魔鬼的工作坊。」

我相信，快樂的兒童是那些能夠自由表現、發掘、創造自己的「冰箱門」

（refrigerator door）傑作的孩子。我記得每到聖誕季節，我就會混合洗衣粉和顏料，拿去繪製三一冰淇淋店的窗戶。不是為了錢，而是為了能夠隨心所欲地吃冰淇淋。每當我看到人們看著窗戶並露出微笑時，我知道這便是最好的報酬。

我相信最高品質的生活是充滿藝術和創意表現的生活，而且所有人都值得享受這樣的生活。我相信藝術和藝術家的廣義定義：理髮師、廚師、汽車推銷員、管理員，以及園丁，都擁有和設計師、建築師、畫家，以及雕刻家一樣的權利，可以宣稱他們擁有藝術技巧。每一天，我們的街道和校車都化身為藝廊，呈現尖刺的髮型、扭曲的辮子，以及令人目眩的鞋帶藝術形態。

我的第一批藝術品收藏是一個裝滿漫畫書的牛奶箱。我在最喜愛的人物黑豹（他只有頭腦，沒有超能力）和路克·凱吉（皮粗肉厚的舊城區「雇傭英雄」）的激勵下，度過國宅歲月和青少年時代。當我的「書蟲」名聲和厚重的眼鏡成為鄰里嘲笑的對象時，我的回應是在腦海裡編寫幼稚但卻是真正「英勇」的押韻對句。

自從高中以來，文字一直是我的首選武器，也是我的救贖。生活中的許多挑戰需要創意性的解決方案。我相信創意——無論採用何種形式——可以改變我們思考和運作的方式。贊揚我們周圍的各種創意，有助於維護我們的理智，使我們保持快樂。

法蘭克．渥克（Frank X Walker）是東部肯塔基大學的英語副教授。他創造出「阿非拉契亞人」（Affrilachian）這個字，用來形容住在阿巴拉契亞（Appalachia）的非裔美籍人士，而且協助成立一個阿非拉契亞詩人團體。渥克是三本詩集的作者，並於二〇〇五年獲得藍南文學會員的殊榮。

成年的芭比娃娃

——我相信我們應該用想像勾勒出一種生活，然後努力去過那樣的生活。

珍・哈米爾

我自認為是個男女平權主義者，而且我覺得這麼承認讓我像個傻瓜，但是，沒錯：我相信芭比娃娃。

在孩提時代，對我而言，芭比娃娃等同於有魅力的衣服，了不起的工作，很棒的朋友，還有優秀的配件——飛機、公寓，還有露營用的汽車。我學習裁縫，這樣我就可以為芭比娃娃和她的朋友做衣服，他們輪流擔任飛行員、醫生、時裝設計師。芭比娃娃從來就和肯（男性的芭比娃娃）沒有關係。他總是有一點灰頭土臉，總是待在角落。我的芭比不參加選美，不結婚，也不生小孩。她到巴黎和紐約去參加華麗的晚宴和會議。

多年以後，我成為時裝設計師。我住在巴黎和紐約，參加時裝表演和華麗的晚宴。這一切的重點都在於裝扮，我開始好奇：我是否只是一個成年的芭比娃娃？我是個剛強、聰明的女人。我的偶像應該是歐姬芙（著名畫家），史坦能（女權運動者），或歐布萊特（前美國國務卿）。我是否面臨險境，可能變得像芭比一樣虛有其表？

當我獲得像芭比一樣的生活時，我並不確定這就是我想要的成就。我的丈夫是一位檢察官。他可以在一天裡永遠改變一個人的生命。而我，在下班回家後所談論的話僅是：「今天我賣掉一套很棒的綠色洋裝，你應該看看那雙鞋！」

今天，我算是某種反時裝設計師的時裝設計師。我並不特別喜歡購物，而且如果有人說時尚是蠢事，我會第一個贊成。時尚只不過是衣服。但是如果袖子裁剪得恰如其分，就會產生不同的效果。它使你展現自己的方式有所不同。現在有很多人對自己的身形不滿意，我希望我可以幫助人們更加喜愛自己。

衣著是與自己息息相關的，而且它們是自我認同的一部分。幾週前，我接到一位客戶的電話。她告訴我，自從她每天早上穿上我設計的衣服以來，她這一生從來不曾感到如此自信。或許只不過是衣服，但是這些衣服幫助她成為她想要成為的人，並且相信她自己。

我喜愛的那個金髮碧眼芭比和紅髮又有雀斑的我毫無相似之處，但是這並不能阻止我想像自己就像芭比一樣——有魅力、獨立，而且聰明。只是到了成年之後，我才明白我對芭比的信心其實是我對於自己想像力的信心：無論我想像自己會成為何種人，無論我想像自己能獲得什麼成就，我都能成功。我相信我們應該用想像勾勒出一種生活，然後努力去過那樣的生活。

珍．哈米爾（Jane Hamill）在故鄉芝加哥，在兒時，她會為家庭成員設計和縫製衣服。她在紐約和巴黎學習時裝，然後在二十五歲時開創自己的事業。哈米爾是芝加哥哥倫比亞大學顧問委員會的一員，也是服裝工業委員會的成員。

生活的五成理論

史蒂夫・波特

——我相信有一大片的生命草原位於中間地帶，壞事和好事如同雜技表演一般地翻來覆去。

我相信五成理論。有一半的時間，事情優於常態；另外一半的時間裡，則比常態來得糟。我相信生命是一個鐘擺，需要花時間和實驗才能了解何謂常態，而這個事實則使我擁有能夠處理未來驚奇的洞察力。

我們先把標準講清楚：沒錯。我會死。我已經經歷過父母親、一位好友、一位親愛的上司，還有珍愛的寵物的死亡。有些死亡經歷非常激烈，就發生在我的眼前，有些則是緩慢而令人痛苦。這些都是壞事，而且是壞到極點。

但是也有高峰的時刻：和夢中情人的戀愛與婚姻；擁有一個孩子，善盡父親的責任，例如擔任我兒子的棒球隊教練；當他和狗狗一起游泳時在溪裡划船；發現他極富同情心，甚至表現在對蝸牛的關切中；他的想像力極為活潑，可以用一堆散落的樂高積木疊出一艘太空船。

但是有一大片的生命草原位於中間地帶，壞事和好事如同雜技表演一般地翻來覆去。就是這個現象令我相信五成理論。

有一年春天，我太早在一片經常淹水的低窪地種植玉米，讓鄰居引為笑談。我因為白費力氣而深感懊惱。結果那一年的夏天異常嚴酷——是我這輩子所見最嚴重的熱浪和乾旱。空調故障，水井乾涸，婚姻破裂，工作告吹，一文不名。我的生活就像某些鄉村歌曲（我最討厭的音樂）裡的描述一般。只有即將參加第一次世界大賽、來勢洶洶的堪薩斯市皇家球隊振奮我的心靈。

回顧那個可怕的夏天，我很快就明白後來發生的所有好事只能堪堪彌補之前的壞事。劣於常態的壞事不會持續太久。我心存感激，並得以細細品味平靜無事的時刻。它們使我重新振作，迎接下一次不愉快的驚奇，並且讓我確信我可以成功。五成理論甚至幫助我在最近皇家隊的慘敗中看見希望，就像把一群努力奮鬥的新人灑在地裡，好使我們能夠很快地在來年得到十月份的大豐收。

噢，對了，那些玉米呢？在那個熱得冒泡的夏天，土地的溼度剛好，提早種植讓玉米得以在熱氣曬枯葉子之前完成授粉，而缺少雨水則使成長中的玉米免於洪水之患。那一年冬天，我的倉庫裡塞滿了玉米——飽滿、健康的玉米穗，從頭到腳長滿了玉米粒——而我鄰居的田地只長出棕色、空洞的玉米苞。

雖然過去的種植經驗可能未達五成的期待，而且將來很可能再度出現同樣的情形，但是那場乾旱中豐收的玉米仍然是我的支持力量。

史蒂夫・波特（Steve Porter）住在密蘇里州西部的一片農地，自一八四〇年代起即屬於他的家族所有。到目前為止，他只種過一種玉米。除了擔任棒球教練和觀賞比賽之外，他在密蘇里州交通部負責社區關係。

一定要參加葬禮

戴德·蘇利文

——我相信即使我真的毫無動力，仍然必須做正確的事。

我相信一定要參加葬禮。這是我父親教我的。

他第一次直接對我這麼說的時候，我十六歲，正試圖逃避參加艾默森小姐的追悼會（她是我五年級的數學老師）。我不想去。我父親毫不含糊。「戴德，」他說：「你要去。一定要參加葬禮。為了她的家人。」

所以我父親在外面等候，我走進去。情況比我想像的更糟：我是那裡惟一的孩子。當吊唁的隊伍把我推到艾默森小姐呆滯的雙親面前時，我結巴地說：「很遺憾。」然後就偷偷走開。但是，二十年前這個非常怪異的同情表現，卻令艾默森小姐的母親牢記我的名字，而且總是帶著淚水和我打招呼。

那是我第一次在沒有人陪伴的情況下出席葬禮。我的父母一向會帶孩子去參加葬禮和追悼會，行之有年。在我十六歲時，我已經參加過五次或六次葬禮。我記得葬禮程序中的兩件事：無限供應免費薄荷糖，還有我父親在返家途中說：「孩子們，你們不能光進不出。一定要參加葬禮。」

聽起來很簡單——有人去世的時候，坐進車子，參加追悼會或葬禮。這個我會。但是我認為，參加葬禮這個個人哲學一定具有更深的含意。

「一定要參加葬禮」意味著即使我真的毫無動力，仍然必須做正確的事。當我可以略施小惠，但其實並不是非作不可，而且我根本不想做的時候，就必須提醒自己這一點。我說的是那些對我來講只是不便，但對另一個人而言卻有大利的事。你知道的，例如參加人數少得可憐的生日宴會。快樂的時刻卻得到醫院探視病人。前妻的叔叔去世的報喪電話。在我單調的生活裡，日常的挑戰並不是行善或行惡；很少會到達這麼龐大的層次。大部分的日子裡，我真正的挑戰是選擇行善或袖手旁觀。

透過參加葬禮，我明白在我等著完成英勇事蹟的同時，我應該堅持面對這些小小的不便，分擔生命中不可避免、偶爾出現的災難。

三年前一個寒冷的四月夜間，我父親因癌症去世。他的葬禮於禮拜三舉行，是週間。我已經木然數日，但是在葬禮當中，不知何故，我轉身，看著教會裡的人。那個記憶仍然令我屏息。我所見過最具人情味、最強而有力、最令人謙卑的事，就是在週三下午三點鐘的教會裡，坐滿了堅信應該參加葬禮而忍受不便的人。

戴德・蘇利文（Deirdre Sullivan）成長於紐約州的塞拉可斯。在進入西北大學攻讀法律之前，他旅遊世界，從事各種稀奇的工作。現在她是自由執業律師，住在布魯克林。蘇利文說，她父親給她和家人的最偉大禮物是他引導他們度過他離世的那段過程。

餵食猴子以求取富裕

——我相信在一個任人自戀的日子裡，我必須考慮家庭的需要，餵養另外一種生物。

哈洛德・陶

我可以說我相信美國，因為她使我家人的辛勤工作獲得回報，勝過貧窮。我可以說我相信堅持儀式和傳統，因為它幫助我們在新的國家裡立足發展。但是這些觀念用以下這個方式來表達會更加具體：我相信要在我生日時餵食猴子——三十五年來我一直這麼做，從未間斷。

在我出生時，住在緬甸叢林裡的一位瞎眼佛教僧侶預言說，我的出生將為家庭帶來巨大的財富。為了確保這份財富，我必須在生日時餵食猴子。

雖然這件事聽起來很迷信，但是從因果的角度來看，這個行為卻別具意義。在一個任人自戀的日子裡，我必須考慮家庭的需要，餵養另外一種生物。那位僧侶絕對無意將這個儀式變成一種負擔。在緬甸的叢林裡，猴子就和鴿子一樣平常。農夫可能必須把猴子從糯米和芒果上趕走。只有在美國，餵食猴子才變成違反規定的行為。

在孩提時代，我覺得這件事很酷。我收看劣質的電視節目以學習英語，而我覺得自己就像《功夫》裡的甘貴成，不同的是我是被派來保護我家的神聖戰士。我和父親會在清早時前往動物園，只有我們兩個人。當四下無人時，我就把偷帶進來的花生丟給猴子吃。

在十八歲生日之前，我一直不需要解釋這個行為。十八歲生日是我第一次沒有和父親一起去餵猴子。在朋友的陪伴下，我們在閉館十分鐘後才抵達動物園。

「拜托。」我請求動物園管理員。「我是為我的家人來餵猴子，不是為了我。你能不能網開一面？」

「去找一家寵物店。」她說。

如果這麼簡單就好了。那一次很幸運，我發現有一位高中同學為電影《遠離非洲》訓練猴子，因此他允許我餵他的猴子。還發生過其他的驚險情形。有一次，一個養猴子當寵物的人懷疑我是動物權利人士，我瞎編這個故事，目的是要解救他的猴子。另外一次，一個動物園告訴我，外來者不能餵食他們的猴子，否則就會違反動物園管理員的集體談判合約。有一次在一家寵物店，我餵了一隻關在籠子裡的狨猴。還有一次，我必須穿上生化衣，才能餵食實驗室裡的猴子。

這件事很少輕鬆解決，但是，自從我出生以來，我總能找到方法餵一隻猴子。

我的家庭在美國興隆繁茂。我相信，藉由遵守我們的家庭儀式，在我生日時餵食猴子，我確保了這份財富。我是否衷心相信這件事？也許。但是我對我的家人有信心，而且我相信我應該盡我所能地尊重這份信心。

哈洛德・陶（Harold Taw）接受律師的訓練，不過，他目前暫停法律工作，以完成他的第一部小說：《卡拉OK之王的冒險》。他和妻子住在西雅圖，陶和當地的一家動物園有特殊的協議，在他今年生日時可以餵食他們的葛氏狨猴。

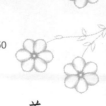

善待送披薩的人

——我相信我之所以與接觸的所有人平等，是因為我的心中懷著親切之意。

莎拉・亞當斯

真要說我有關於生活的運作哲學，那就是：「善待送披薩的人，因為這樣做會帶來好運。」這個哲學有四個指導原則。

原則一：善待送披薩的人就是練習謙恭和饒恕。我容許他在車陣中切到我的前方，讓他從左側車道安全地變換到出口坡道，容忍他忘記使用方向燈，而不將我的手指伸出車窗外問候他或鳴按喇叭，因為在飽受煩擾的生活中，總該有一個時刻可以放任一輛車侵入我的地盤、切入我的車道，或是超車。有時候我非常肯定我的車道所有權，毫無懼色地迎向任何膽敢挑戰我的人；在這個時候，送披薩的人就會駕著生鏽的雪佛蘭汽車加速經過我身邊。他的車頂上的披薩燈像信標一樣地閃閃發光，提醒我在世界裡穿梭之際莫忘檢視自己。畢竟，那位老兄正要把披薩送去給年輕人和老人，家庭和單身漢，同性戀和非同性戀，黑人、白人和棕色人種，富人和窮人，還有素食者和肉食愛好者，都一視同仁。在他旅行之際，我讓他安全地通過，練習克制，表現禮貌，並且控制我的怒氣。

原則二：善待送披薩的人就是練習同理心。讓我們面對事實吧：我們之所以從事某個職業，都只是為了擁有一份工作，因為有一點錢總比身無分文來得好。我做過各式各樣的工作，而且對於可以領到薪資一事充滿感激，因為這表示我不需要和我的貓道再見。在生活的巨大披薩滾輪中，有時候你是熾熱冒泡的乳酪，有時候你是燒焦的脆餅皮。牢記滾輪的轉動反覆無常，對我來說是一件好事。

原則三：善待送披薩的人就是練習尊重，而且它提醒我要尊重正直的工作。讓我告訴你一些關於這些人的事：他們從來不曾接掌一家公司，再以執行長的身分操控股價，然後拋售自己的持股，導致公司瀕臨破產，使得兩萬人失業，而執行長卻興建一棟規模與豪華飯店相當的豪宅。這些人問心無愧。

原則四：善待送披薩的人就是練習平等。我身為人類的度量與價值取決於我執行工作——無論是什麼工作——時的自尊，以及我對他人的尊重。我與世界平等，並不是因為我開的車，我擁有的電視的大小，我能夠舉起的重量，或是我能夠解答的微積分方程式。我之所以與接觸的所有人平等，是因為我的心中懷著親切之意。而一切都由此開始——對待送披薩的人的態度。

給他豐厚的小費，朋友和弟兄們，因為你慷慨而樂意的給予，會令滿懷感激的宇宙盡其所能地報以快樂的運氣。

莎拉・亞當斯（Sarah Adams）曾從事許多工作，包括電話推銷員、工廠作業員、飯店櫃臺人員，以及花店會計，但是從來沒有送過披薩。亞當斯在威斯康辛州長大，現在是華盛頓奧林匹克學院的英文教授。

與世界為伴

尼文・布希

——我相信生活是一段旅程；從這裡前往那裡的旅程。

一九五〇年系列精彩選輯

當人們講述其內在信仰時，同樣的字眼會不斷地重複出現：神、人類、尊嚴、未來、世界，永恆等等。通常只有在我的思想非常清晰之時，這一類的字眼對我才有意義。當我在夜裡清醒地躺在床上時，或是在我鄉間的農場上，或許是當我騎著馬前往某處的途中，突然一股美好和光明的奇妙感受湧進心中，我就能夠用抽象的辭彙來思考生命。然後我會想起那句古老的西班牙諺語：「當我坐在馬背上時，只有神比我高大。」

但是在我的生活中，這種智慧的時刻是很稀少的，而且我認為大部分人和我一樣。很難將一個人的思想與當下的壓力分離開來。思想的平靜就像鄉間，但是活躍的生命本身就像一座城市，充塞著想法、面孔、刺激、樂趣、義務，以及希望。一個人要如何在那座城市中旅行？一個人要如何在生活擁擠的城市中思考？

我對這件事的基本信仰是我不喜歡搭乘計程車。這樣很蠢嗎？容許我以另一種方式來表達。生活是一段旅程；從這裡前往那裡的旅程。你走出一扇門，再走向另一扇門。

在你的前面有一個時鐘滴答地響著，計算你的時間。你的費用是根據這段時間來決定。直到旅程結束時，你才知道費用是多少。你走出計程車並向司機道別，或是逕自走開，如此而已，旅程結束。

這樣的做法如何能構成一個信仰——不搭計程車？我們來考慮另一種做法。你可以搭計程車，也可以搭地鐵。地鐵如何？在那裡，至少你不孤單。你走進車廂，人們和你擦身而過，列車關上門，向前行駛，空氣很糟，味道不好聞，但是生活在那裡進行著，而且生活的味道也好不到那裡去。但是不知何故，生活就是美好。

在車廂裡，有許多人，各色人種。健康的人，美麗的人，還有生病、悲慘、墮落的人。也許你聽到一些可怕音樂的尖嘶聲，一個小女孩牽著一位破相的盲眼老婦穿過車廂。那個老婦人正在吹奏口琴。人們把零錢丟進小女孩手中的錫杯。擠在車廂角落的是一個笨頭笨腦的人，對自己喃喃自語。這一切都是生活的一部分——我們的同志，我們的同行者。搭乘計程車時，就缺少了同伴。

這樣一來，我進行旅行的方式就可以成為我的信仰。言語並不重要；重要的是我的行為，以及我喜歡的旅行方式。當我禱告時，我可以鎖上辦公室的門，單獨禱告。那就像坐計程車。我也可以到教會去。我可以在聖殿或大教堂裡禱告，每天都有數以千計的人在這些地方進進出出。他們也都在禱告。他們搭乘和我一樣的交通工具。當我的禱告與他們的禱告匯集一起時，我加入世界的團體，滿懷謙卑地面對這趟旅程的奧祕。我認為那正是旅行的方式。

尼文．布希（Niven Busch）是美國小說家和劇作家，作品包括享有盛名的《郵差總按兩次鈴》。他的小說包括《太陽浴血記》、《仇恨商人》，以及《加州大街》。八十五歲時，布希在《生命中不可承受之輕》中首次參與演出，扮演一個小角色。

單單傾聽的每日散步

——我相信我必須走出這些密集轟炸我的聲音，才能發現真正的方向。

蘇珊・柯西歐

有時候我覺得自己缺少方向感。就四十五歲的人來說，這種認知有些嚇人。我認為我之所以分心是因為我所扮演的多樣角色，以及我試圖取悅他人的傾向。我的大部分時間花在回應他人的要求。「媽，你能不能……」；「蘇珊，能不能……」我的世界充滿了我試圖滿足的有聲或無聲的期待：身為父母、個人、朋友。

我相信我必須走出這些密集轟炸我的聲音，才能發現真正的方向。做法包括每天一段單單用於傾聽的散步。我生命的導航燈是聖靈微小的聲音。在我們這個忙碌、嘈雜的世界裡，我必須減慢腳步或退到安靜處，才能聽見祂的聲音。我發現，禱告的重點不在於我說了什麼，而是我聽到什麼。抽出時間與神相處，就像從密林深處走上山頂；這樣做讓我獲得洞察力，並且讓我有能力看見自己所經之處，以及前面的目標。

當我抽出時間來仔細聆聽時，分辨神的聲音就不是那麼困難。有時候，當我後退一步離開一個環境時，我聽見祂，就像突來的洞見。其他時候則像是我對於優先次序的深切感受，或是堅信我應該去做或說某件事。我經常在口袋裡帶著筆和記事本去散步，回來時已經寫下演講或文章片段的筆記。後來，有人告訴我，她被我信手寫在紙上的文字所感動，我就知道那些想法來自於神。

我對於屬靈真理的追求不在於宗教，而是更重於關係。我所重視的並不是將神的命令訴諸理智，而是將祂的真理內化於我的心中和思考中，使我得以極深刻和親密地認識這些真理，讓它們不但影響我的思想，也影響我的行為。在每天的散步中，我知道如何在困難的環境中教養我的孩子，蒙神提醒要打電話給許久沒有連絡的朋友，還曾經覺得被催促向陌生人伸出友誼之手——他們很快就成為我的朋友。

我相信每天都要有一段單單為了傾聽的散步時間，因為我就是在這段時間裡親近神，就是在這段時間裡我找到方向。而且當我排除世界的聲音，讓我有足夠的時間聽見神那微小的聲音導引我的時候，我最為平靜。詩篇四十六篇提醒我：「你們要休息，要知道我是神。」

蘇珊·柯西歐（Susan Cosio）是加州薩克拉曼托瑟特醫療中心的駐院牧師。她有三個孩子，也為戴維斯企業撰寫專題文章。柯西歐最喜愛的散步地點是山間或海灘，以及穿越她家的一處鳥類保護區。

擁抱我的神

——我相信上帝，被我視為父親的那位神。

約翰・芳坦

我相信上帝。不是小時候媽媽告訴我的那位，「昔在、今在、永在」，不可捉摸的空中靈體，而是當父親從我們的生命中消失時——在我四歲的時候——擁抱我的那位神。那天晚上，警察帶著他，戴著手銬走下樓梯，走出我家的前門。

我相信的是在一個冷風吹拂的芝加哥冬季裡，我們冰冷公寓中的瓦斯被切斷，沒有食物，沒有希望，也沒有熱水，呼吸氣息清晰可見時，給我溫暖的那位神。

我相信的是在我目睹鄰里的孩子被天氣、被死亡、被絕望吞噬時，握著我的手的那位神；當我缺少一個男人用手臂環繞我，告訴我：「一切都會很好」，為我感到驕傲，稱我為兒子，覺得自己像個「沒有父親的兒子」時，宣告與我的父子關係的那位神。

我相信神，天父上帝，由祂的兒子耶穌基督具體表現。我相信允許我感受到祂同在的那位神——無論是透過如同寒冷午後的熱巧克力般充滿肚腹的溫暖，或是每當我發現自己處於生命的狂風暴雨中時，告訴我（即使有人說我「一無是處」）我有價值，「我屬於祂」的那個聲音；即使那個除了姓氏和DNA之外沒有給我任何東西的男人遺棄了我，我仍然能在祂裡面得到餵養。

我相信上帝，被我視為父親的那位神；我稱祂為阿爸父。當我看到別的男孩與他們的父親手牽手散步時，總是羨慕不已。我渴望擁有父子的談話，談論鳥和蜜蜂，或是根本不談任何事──只是感受他的呼吸，心跳，存在。在孩提時代，我經常坐在玄關上，看著車子駛過，想像著有一天會有一輛車停下來，走下車的那個男人就是我的父親。但是從來不曾發生。

在我十八歲時，在一九七九年一月份的那個阿拉巴馬州的冬天夜晚，我終於與我的父親面對面──他冰涼地躺在一廓棺木中，雙目緊閉，他的心臟不再跳動，他的呼吸永遠不再。我已經無淚可流。他在酒醉中死去，死於車禍，留下我在多年無父生活的悲傷中蹣跚獨行。

那時候，距離媽媽因為害怕他會再度傷害她──打她──而找警察到公寓來的那個晚上已經過了許多年。他的酗酒終於吞沒他的良善，直到將他完全吞吃。

直到多年以後，站在我父親的墳前，進行一段過時已久的對話時，我的眼淚才流下來。我告訴他我成為什麼樣的人。我告訴他，我多麼希望他能夠參與我的生命。而且我完全明白，在他的缺席之下，我找到另一位父親。或者說是祂──神，天父上帝，我的天父──找到我。

約翰·芳坦（John W. Fountain）是位於厄巴拿香賓的伊利諾大學的新聞學教授。他曾擔任《芝加哥論壇報》和《華盛頓郵報》的記者，也是《紐約時報》的全國特派員。芳坦著有《真葡萄樹：一個年輕黑人的信仰、盼望及清明的旅程》。

釋放創造的力量

——我相信即使是世界上最嚴重的問題也有改善的希望，我是個樂觀主義者。

比爾・蓋茲

我一向是個樂天派，而且我深信創造力和智識的力量可以讓世界變得更好。

就我記憶所及，我一向喜愛學習新的事物和解決問題。因此當我在七年級時第一次坐在電腦前面，我就沉迷其中。那是一臺笨重的Teletype機器，和我們現在擁有的電腦比較起來，它幾乎什麼也不會。但是它改變了我的生命。當我和朋友保羅・艾倫在三十年前成立微軟時，我們的願景是「家家戶戶，每張桌子上都有一部電腦」，在一個大部分電腦的體積都和冰箱一樣大的時代裡，這種想法似乎太樂觀了一點。但是我們相信個人電腦會改變世界。確實如此。

經過三十年之後，我仍然和七年級時一樣，受到電腦的靈感啟發。我相信電腦是我們可以用來滿足好奇心和創造力的神奇工具——幫助我們解決連最聰明的人都無法靠自己解決的問題。

電腦改變了我們學習的方式，為各地的孩童提供一扇窗，獲得世界所有的知識。電腦幫助我們以關心的事物為中心建立社群，與對我們而言別具意義的人保持密切關係，無論他們身在何處。

就像我的朋友華倫・巴菲特一樣，我覺得能夠每天都做我所喜愛的事，實在幸運非凡。他稱之為「跳著踢踏舞去上班」。我在微軟的工作和往常一樣深具挑戰性，但是讓我「跳著踢踏舞去上班」的是，當我們讓人看到新的東西時（例如能夠辨識你的筆跡或聲音的電腦，或是可以儲存一生照片的電腦），他們說：「我不知道你可以用PC做到這件事！」

但是儘管一個人可以用PC做很多很酷的事，我們還有許多其他的方法，可以運用我們的創造力和智慧來改善我們的世界。世界上仍然有很多人，連基本的需求都無法滿足。舉例來說，每年都有數以百萬計的人死於疾病，而這些疾病在已開發國家都能夠輕易預防或治療。在美國，三個高中畢業生當中，只有一個人準備去上大學或從事正當工作。

我相信我的財富具有回饋世界的責任。我和內人瑪琳達致力提升健康和教育，希望能夠盡量幫助更多人。

身為父親，我相信非洲的一個兒童死亡，和其他任何地方的兒童死亡一樣令人悲痛莫名。要使這些兒童的生命獲得巨大的改變，並不需要多大的代價。

我仍然是個樂觀主義者，我相信即使是世界上最嚴重的問題也有改善的希望——而且每天都在發生。我們看到治療致命疾病的新藥出現，新的診斷工具，對開發中國家的健康問題也有新的關注態度。

我看到醫藥和教育的可能性時，就大感興奮，當然還有科技。而且我相信，透過我們天賦的發明力、創造力，以及解決困難問題的意願，在我有生之年，我們將在這些領域中獲得驚人的成就。

比爾·蓋茲（Bill Gates）是微軟公司董事長。他和妻子成立「比爾與瑪琳達·蓋茲基金會」，資助全球健康、教育及公共圖書館計畫。

陌生人之間的連繫

——我相信當陌生人彼此伸出手來時，他們之間就建立起連結。

邁爾斯・古德溫

一九七〇年六月二十三日，我結束在越南的服役生涯，自陸軍退伍。我是一個廿三歲的陸軍老兵，坐在加州奧克蘭起飛的飛機上，準備返回德州達拉斯的家。

已經有人警告過我，當時有許多同胞對返家的越南老兵懷有敵意。當我們離開那場不受歡迎的戰爭返家時，不會有家鄉的遊行隊伍歡迎我們。就和其他數萬人一樣，我只希望能夠平安無事地回到家中。

我穿著制服，坐在靠窗的座位，不停地抽著煙，避免與其他乘客的眼神接觸。我旁邊的座位沒有人，更凸顯我的孤立。一個最多只有十歲的女孩突然出現在走道上。她帶著微笑，默默地、靦腆地遞給我一本雜誌。我接受她的好意，靜默無聲的「歡迎回家」。我唯一能說的就是：「謝謝。」我不知道她坐在那裡，也不知道她和誰同行，因為在接受她的雜誌之後，我立刻面向窗戶流下淚來。她那小小的憐憫行為是我已經許久未曾經歷的。

我相信當陌生人彼此伸出手來時，他們之間就建立起連結。

那個小女孩一定不記得多年以前發生的事。我喜歡想像她已經長大，繼續接觸其他人，並且教導她的孩子也做同樣的事。我知道可能是她的母親要她給我那份「禮物」。那時候她的父親可能還在越南，也許未能從戰爭中生還。她為何給我那本雜誌並不重要；重要的是她給我雜誌。

從那時候開始，我以她為榜樣，並且嘗試以不同的方式對待不同的人，為他們做同樣的事。就像在那架長程班機上的我一樣，他們永遠不知道為何一個陌生人會花時間向他們伸出手。但是我知道，我從那時候開始所做的一切嘗試，都是因為那個小女孩的緣故。她將一本雜誌送給一個疲倦、害怕、孤單的士兵，這個動作在我的生命中不斷地迴響。我必須相信我的小小動作對其他人也有同樣的影響。而對那個現在已經長大成人的小女孩，我要利用這個機會再說一次：謝謝你。

邁爾斯・古德溫（Miles Goodwin）是密爾瓦基的房地產律師。在越戰期間，他是西貢市外的美軍總部的文書。古德溫說，在他退伍之後，大約花了十年的時間，他才能向人提起他在越南服役的情形。他喜愛他的家庭、投資，以及騎機車。

在美而精確的圖畫中得見真貌

坦柏·葛蘭汀

——我相信實際的行為可以讓世界變得更好。

由於我有自閉症，因此我遵循具體的規則生活，而不是抽象的信仰。也由於我有自閉症，因此我用圖像和聲音的方式來思考。

我的大腦運作方式就像搜尋引擎Google處理圖片的方式。如果你對我說出「愛」這個字，我會在腦海中的網際網路裡瀏覽。然後，一連串的圖片躍現在我的腦海中。我看到的是一幅母馬帶小馬的圖片；或者我會想到「愛之蟲赫比」；電影《愛的故事》中的場景；或是披頭四的歌曲「愛情，愛情，愛情，你需要的就是愛情……」

當我還是孩子時，我的父母用明確的例子教導我好壞行為之間的不同。我的母親告訴我，不要打別的小孩，因為你不會喜歡他們打你。這麼說有道理。但是，如果我母親告訴我要對某人「好」——對我來說這種說法過於模糊，無法理解。但是如果她說對別人好就是把黃水仙送給隔壁的鄰居，我可以明白這種說法。

我相信實際的行為可以讓世界變得更好。在我二十來歲時，我經常思考生命的意義。那時候我的事業剛剛起步，為農場和屠宰場的動物設計較為人道的設施。許多人以為屠宰場的工作本身就不人道，但是他們忘記每個人和每隻動物終究難免一死。在我的想法中，我有一幅圖片，讓這個死亡盡可能平和。

在一九七〇年代時，我前往亞歷桑那州和德州的五十個不同的飼牧場和農場，幫助他們處理牲口。我記錄每個地方運作有效率的部分。我選擇最好的裝卸臺、分類圍欄、單列縱隊斜槽、畜群圍欄，以及其他元件，並將它們組合成一個理想的新系統。當一位農場主人告訴我，我的畜欄設計幫助牲口能夠安靜而輕鬆地在其中移動時，我感到極大的滿足。當牲口保持平靜時，表示牠們沒有受到驚嚇。這讓我覺得我完成了一件重要的事。

有些人可能認為，如果我能夠彈指一變，我會選擇成為「正常」。但是，我不想放棄看見美麗、精確畫面的能力。我相信它們。

坦柏・葛蘭汀（Temple Grandin）是科羅拉多州立大學的動物科學副教授。美國的牲畜處理設施有三分之一出自她的設計，其目標是減少動物在屠宰過程中所感受到的恐懼和痛苦。葛蘭汀是《圖像思考》和《傾聽動物心語》的作者。

顛覆我的舒適區

——我相信用具有挑戰性的人和環境來轟炸我自己，是保持成長的最佳方法。

布萊恩．葛萊瑟

我決定學衝浪時，四十五歲。

想像那個畫面。歐胡島的北岸。地球上最困難、最具競爭性的衝浪地點。十四呎高的潮水。二十個身上刺青的當地人。還有我，五呎八吋高，帶著卑下的恐懼。我好奇的是，那一個會先抓住我？是下一波巨浪，還是在我右側，胸膛上刺著RIP的那個人？

據說，生活已經夠困難了。但是我猜想，我喜歡自找麻煩，因為我一直都這麼做。每天。故意。那是因為我相信：我必須顛覆我的舒適區。

當我開始從事娛樂業時，我列出一張我認為應該去拜訪的名單。不是能夠給我工作或生意的人，而是能夠激勵我、教我一些東西、挑戰我對於自己和世界想法的人。

因此我開始打電話給各種領域的專家：辯護律師、神經外科醫師、CIA幹員、胚胎學家、火行者、警官、催眠師、刑事人類學家，甚至總統。有一些人是世界知名人士——例如卡羅斯．卡斯塔尼達、沙克，以及卡斯楚。

當然，我不認識這些人，他們也不認識我。因此當我打電話給這些人請求見面時，回應不見得都是友善的。即使他們答應給我一些時間，結果也不一定都是愉快的。

就以氫彈之父艾德華・泰勒為例。你聽說過他的大名吧？但是，他從來沒聽說過我。我花了一年的時間乞求、甜言蜜語、還有更多的乞求，才讓他同意和我見面。然後發生了什麼事？他嘲笑並侮辱我。但是這無所謂。我希望能從他那裡學習到一些東西——而我確實學到了，即使我學到的教訓只不過是：對於一個對我們的流行文化毫無品味的物理學家而言，我並不是那麼有趣。

過去三十年來，我製作了五十餘部電影和二十部電視系列影集。我很成功，而且在我這一行裡相當知名。我是一個可以明天就退休去打高爾夫球的人，在那裡可能發生的最嚴重事件可能就是我的「血腥瑪麗」被稀釋了。那麼我為什麼要繼續讓自己面對這一類的事？

答案很簡單。就我所知，顛覆我的舒適區，用具有挑戰性的人和環境來轟炸我自己，是保持成長的最佳方法。借用我過去遇見的一位生物學家的話來說，如果你不再成長，你就是在走向死亡。

因此，也許我並不是北岸最好的衝浪客，但是無所謂。我從中獲得的不舒適、不確定性、生理和心理的挑戰——許多人用盡時間和精力去避免的事——它們正是讓我停留在賽場上的因素。

布萊恩．葛萊瑟（Brian Grazer）是曾獲奧斯卡金像獎的電影製作人，也是贏得艾美獎的電視製作人。他和好友，導演榮恩．豪爾合作創立想像娛樂公司，兩人攜手製作的鉅作包括《達文西密碼》、《美麗境界》、《阿波羅十三號》，以及《現代美人魚》。美國製作人公會於二〇〇一年頒發「大衛．塞茨尼克終身成就獎」給葛萊瑟，表揚他的成就。

讚美「牆頭草」

——我相信要由我們這些無定見的人來努力固守日漸縮小的共同點。

泰德・戈普

多年以來，我真的不知道我相信什麼。我似乎總是站在對立意見兩造之間的無人之地，渴望能有某一方贏得我的支持，卻只發現雙方都有某種程度的優點。

我記得大約三十五年前，我和《華盛頓郵報》的編輯及六位哈佛的學生圍坐著一張桌子。我們都是爭取《華盛頓郵報》實習機會的最後入圍者，那位編輯的目的就是刪減人數。他逐一詢問我們對於當時熱門話題的看法——越南、尼克森，示威。那些哈佛的學生表現亮眼；他們明確知道自己的立場。而我，每個議題都回答得結結巴巴，聽起來非常張惶失措。我確定我已經永遠失去《華盛頓郵報》的工作了。我心想，我為什麼不能像周圍的人一樣看得這麼清楚？

當午餐結束，大家起身離開時，那位編輯拉住我，要我留下來。我們再次談到戰爭，以及戰爭如何使國家陷入分裂。一個月以後，他寫了一封回絕信給我。他說我太年輕，不適合那個工作，但是他喜歡我的態度。他告訴我，他「認為我會有遠大的未來」，要我和他保持連絡。我照著做了。

七年之後他雇用了我。

但是第一封信（現在裱框放在我的辦公室）已經給我一張無價的許可證。它讓我知道感到困惑、被議題拉扯、眼觀世界而不覺得無力是無關緊要的，因為世界不會自己理清頭緒。當我與有信心之人同行時，我總是羨慕他們的肯定。我想像自己就像一艘小帆船，漫無目標地航向當下風勢強勁的方向。

但是到後來，我開始接受，甚至信奉我所謂的「我的迷惑」，並且將它視為朋友及盟友，不需要做任何辯護。我喜歡聽，更甚於說；提出問題，而非鬥爭。身為一個非戰鬥人員，即使是意見強烈相左的敵人也歡迎我與他們同桌。我終於知道我有我自己的羅盤和信念，即使有時候它們令我陷入原地繞圈子的景況，但至少圈子會向外擴展。我無意說服他人接受我的理念——我能帶領他們前往何處？

曾有一位《華盛頓郵報》的編輯兼導師告訴我，我是個「牆頭草」。我問還有誰屬於這種人，而那些稀奇古怪的成員令我大感安慰。他們都是好人——思想開放，好問，而且，沒錯，迷惑。我們有一個共同的信念；我們的信條都以問號結束。我不要一個專屬於我們的新聞編輯室、醫院、步兵排，或是——但願不會如此——國家。但是在危機時刻，當情緒高漲、各方各執一詞時，有一些我們這樣的人在場是好的。在這樣的時刻，我相信要由我們這些無定見的人來努力固守日漸縮小的共同點。

泰德·戈普（Ted Gup）為《時代雜誌》、《國家地理雜誌》、《紐約時報》，以及其他出版品寫作。他著有《榮譽之書：CIA的祕密生活與機密死亡》，並在凱斯西儲大學教授新聞學。

同在的力量

——我相信當我們與他人同在時，和對方之間自有一種親密的連結。

黛比・赫爾

我相信同在的力量。

最近我和幾位紅十字會志工與一群卡崔娜颶風的受災者見面，使我想起這個信念。我們以心理健康專家的身分，在那裡提供「心理急救」。儘管接受過如何「詢問」、如何解說壓力反應、如何篩選所需之治療的種種訓練，我仍然再度被同在的全然醫治力量所震撼。甚至在我們從大門走向庇護所的途中，遇到的第一個人就向我們表達滿懷的感激。我覺得獲得重視，但是也有一點罪惡感，因為我根本還沒開始做任何事。

同在是一個名詞，不是動詞；它是一種存在狀態，而不是行為。在一個強調行為的文化中，存在狀態並未受到高度重視。但是，真正的同在（或「陪伴」另一個人）具有一股沉默的力量——見證一場變遷，協助背負情感的重擔，或是展開醫治的過程。當我們與他人同在時，和對方之間自有一種親密的連結；在一個追求越來越快速「關係」的社會中，或許太少感受到這種親密關係。多年以前，一位朋友的母親意外去世，那是我第一次對於「同在」這件事產生矛盾的心態。我一方面想要衝到醫院去，但是另一方面我又不想侵入這個深刻而且別具私人意義的悲痛階段。我陷入兩難之境。當時和我在一起的另一位朋友說：「只管去。人在那裡就夠了。」我去了，而且我永遠不會後悔這麼做。

從那時候開始，我會毫不遲疑地去陪伴我無法為他們「做」任何事的人。我坐在一個為了對抗AIDS瀕死痛苦而注射嗎啡陷入昏迷的年輕人床邊。我們和他談到不可避免的離世之旅。後來他告訴他的父母——在短暫的清醒時刻裡——他感覺到我們和他在一起。

另外一次，我到醫院去探望一位即將因癌症而去世的前同事。她也沒有清醒，而且應該不知道有別人在她身旁。當時的氣氛絕對不算嚴肅；她的家人已經接受她即將去世的事實，又彈吉他又唱歌。他們讓她與他們同在，彷彿她仍然生氣盎然。

對於治療的病人，我仍然覺得必須多做一些事，而不只是陪伴他們，但是在默默地理解、全心全意陪伴病人時所建立的連結所發揮的醫治力量，仍然一再地震撼我。我相信同在的力量，而且同在不單是我們對他人的付出。它總是改變我——而且總是變得更好。

黛比·赫爾（Debbie Hall）在聖地牙哥的海軍醫療中心小兒科任職十二年。她也是當地紅十字會的疾病心理健康小隊的志工。赫爾是加州人，和五隻貓及一隻十五歲大的黃金獵犬一起住在艾斯坎狄多。

生命長鍊中的天然環節

——我相信在這個不斷移動、見面及離別的現代世界裡，每個人都需要一些立足點。

維克多・韓森

我相信我們並不孤單。

即使我身處與我居住的農莊遙遙相對的世界彼端，我仍然夢到從窗戶裡伸出來的老藤，以及後頭那棟由曾祖父於一八七〇年用桉樹建成的小倉庫。只要我能夠使這些影像再現，我就從來不曾真正離家。

我不認為連續六代在同一個地方務農，年復一年做同樣的事，是一種束縛的重擔。相反地，它是我和先人之間的一種罕見且微妙的連結，他們和我修剪同一棵樹藤，粉刷同一棟牛舍。如果過去住在這棟房子裡的人能安然度過一八九三年的經濟恐慌或經濟大蕭條，能夠用冷水洗澡及使用屋外的廁所，我就確知我可以度過高價瓦斯的時代。

我相信在這個不斷移動、購買、出售、見面及離別的現代世界裡，每個人都需要一些立足點。有些人在宗教裡找到永恆，有人倚賴朋友或族群來獲得心靈的穩定。但是我們需要一些日常的路標，好知道我們和先人無異，不會比較好，也不會比較差。

對我而言，這棟房子，這個農場，這些古老的藤蔓，就是根。雖然我孤身來到這個世界，也會獨自離去，但是我不孤單。走廊裡迴盪著許多對話，有許多我記憶中的故事，例如購買新的犁（現在閒置在穀倉的空地上腐朽），還有遭到損毀的葡萄的收成——現在我們從同一處的葡萄樹上收成果實。

我相信我們都是一條生命長鍊中的天然環節。我必須知道現在是什麼時候，即將到來的是什麼季節，風是向北吹還是由東吹來，還有明天晚上是否仍然月圓，就像之前的農夫一樣。

我們周圍的物質世界不斷地改變；人性卻不變。在短暫的生命中，我們必須在不斷重覆出現的心碎和失望當中努力尋找一些超凡的意義，因此當我們知道我們的先人都曾經歷過這一切時，就能得到安慰。

你可能覺得接受過去作為現在的借鏡，對你而言是種困擾。我則覺得令人興奮。我相信每個新的問題都有一個古老的答案——過去的智慧微語伴隨著我們，向我們保證：如果我們聆聽並回想，我們就不孤單；我們曾經經歷過這一切。

維克多・韓森（Victor Hanson）是加州州立大學的名譽教授，也是古典和軍事歷史學者，以及胡佛機構的資深成員。他的家傳農場包括四十畝的無子葡萄樹，用於製作葡萄乾。韓森希望他的兒子威廉能夠繼承他栽種這片農場。

高貴而不可或缺的正派行為

——我相信我的同胞。我們的頭條新聞充滿了罪惡。但是相對於每一個罪犯，就有一萬個誠實、正派、仁慈的人。

羅勃・海萊因

一九五〇年系列精彩選輯

我不打算談論宗教信仰，而是討論一些非常顯而易見，以至於提起它們都顯得過時的事情。我相信我的鄰居。我知道他們有缺點，但是我知道：他們的美德遠勝於他們的缺點。

就拿和我們住在同一條街、離我家有一段距離的麥可神父來說吧。我和他分屬不同宗派，但是我知道從他日常行為中閃耀出來的良善、憐憫和慈愛。我相信麥克神父。如果我遇到困難，我會去找他。我隔壁的鄰居是一位獸醫。他會在忙碌一天之後，從床上下來幫助一隻迷路的貓——不收費用，根本不可能收費。我相信那位醫生。

我相信我們鎮上的人。你可以在我們鎮上隨便敲一扇門，說：「我餓了。」你就可以得到食物。我們的鎮也不例外。我在各地都發現同樣的同情心。只要有一個人說：「滾開，我自己有吃的。」就會有數百、數千人說：「沒問題，請坐。」我知道，儘管有許多關於搭便車旅行者的負面警告，但是我可以走到公路上，豎起拇指請求搭便車，而且只要幾分鐘，就會有一輛汽車或卡車停下來，會有人說：「上來，麥克。你要去那裡？」

我相信我的同胞。我們的頭條新聞充滿了罪惡。但是相對於每一個罪犯，就有一萬個誠實、正派、仁慈的人。若非如此，就不會有孩童活著長大。商業無法日復一日地運作。正派不是新聞；它被埋藏在訃聞之中，但它是一股比罪惡更強大的力量。

我相信護士的耐心殷勤，相信老師單調沉悶的犧牲。我相信在這塊土地上的所有家庭幾乎都在默默不斷地對抗艱難的生活。我相信勞工的誠實。看看你的四周，永遠不會有足夠的老闆去檢查所有的工作。從獨立廳到大古力水壩，這些建築物都是由內心誠實的工人一磚一瓦地建築起來的。

我相信幾乎所有的政治家都是誠實的。相對於每一個受賄的議員，就有數百位政治家——薪資低微或根本分文未取——盡其所能地使我們的體系得以運作，卻未曾獲得絲毫感激或榮耀。若非如此，我們的發展根本不可能突破最初的十三個殖民地。

我相信羅傑·揚。你我今日之所以自由，皆歸功於從福吉谷到雅魯河間無數獻上生命的無名英雄。我相信美國，因著自己屬於這個國家而感驕傲。儘管有缺點——從處私刑，到處高位者的惡質信仰——我們的國家仍擁有歷史上最正派和最仁慈的國內實務和外交政策。

最後，我相信我的整個種族——黃種人、白種人、黑人、紅種人、棕種人——我相信這個星球上各地絕大多數同胞的誠實、勇氣、才智、韌性，以及善良。我因身為人類而感驕傲。我相信我們是恰好達成現在的成就——我們總是剛好到達成功的程度——但是我們總是能夠成功，生存，堅持。

我相信這個擁有令人痛苦的過大腦殼、可相對拇指（**譯註：指拇指可對應到其他手指的構造，只有靈長類才有**），身上沒有毛髮的胎兒——這個只比猿猴高級一點的動物——將繼續生存，生存得比他的母星更久，也將散布到其他的星球——及於諸星及更遠之地——帶著他的誠實、永不知足的好奇心、無限的勇氣，以及高貴而不可或缺的正派行為。我全心全意地相信。

羅勃·海萊因（Robert A. Heinlein）在五十年的科幻小說作家生涯中，贏得四次雨果獎。他出生於密蘇里州，並在該地長大，一九二九年於美國海軍學院畢業，在二次世界大戰期間服役於海軍的航空工程。海萊因的著作包括《星艦戰將》和《異鄉異客》。

愛的轉變及醫治的力量

——我相信包含在愛中的種種謙卑而務實的成分，以及它們結合的力量。

傑奇・蘭崔

我相信愛的要素，相信構成它的一切因素。我相信包含在愛中的種種謙卑而務實的成分，以及它們結合的力量。

我們在四年前收養路加。孤兒院的人把他帶到我們的飯店房間，連再見都沒說就走了。他將近六歲，體重只有二十八磅，臉上有交錯的疤痕。顯然他怕得要命。我大喊：「他最喜歡什麼東西？」他們回答：「麵條。」電梯門隨即關上。

路加又踢又叫。我擋在他和門的中間，阻止他衝出去。他的哭聲充滿痛苦，像野獸一樣。他從來沒見過鏡子，竟然試圖穿過鏡子逃走。我抱住他，讓他無法打人或足踢。過了一個半小時以後，他終於累得睡著了。我要服務生把菜單上的每一種麵都拿來。路加醒過來，看著我，又開始啜泣。我給他一雙筷子，指著食物。他停止哭泣，開始吃東西。他吃個不停，直到我認為他可能會因為過飽而得病為止。

那天晚上我們出去散步。他看到月亮覺得很高興，比手畫腳地問：「那是什麼？」我說：「那是月亮，是月亮。」他伸手試圖抓住它。當我想要幫他洗澡時，他又開始哭，直到我開始玩水才停止。等到他洗完澡，房間已經溼透了，他則是吃吃地笑。我幫他擦潤膚乳液，灑爽身粉，幫他穿上柔軟的睡衣。我們一起讀《一頭黃色獅子》。他喜歡看彩色的圖片，還有翻頁。那天晚上結束時，他已經會說「一頭黃色獅子」。

第二天，我們和孤兒院的人見面，完成行政程序。他們走進房間時，路加正坐在我的膝上。他看著他們，將我的手臂拉去緊緊環抱他的腰。

經過最初幾天之後，有很長一段時間，他是一個悲傷、害羞的男孩。他很容易哭泣，即使最輕微的刺激也會令他退縮。他把食物藏在枕頭套裡，翻垃圾桶。那時候我很懷疑，他能否克服孤兒院在他身上留下的負面傷痕。

現在已經過了四年。路加是一個聰明、有趣、快樂的四年級學生。他很有魅力，也是個天生的運動員。老師說他的行為端正，而且非常認真。我們的鄰居說她從來沒有見過這麼快樂的孩子。

回想起來，我對於使這個飽受折磨、恐懼的小孩發生轉變的力量感到驚奇。不是治療法，協談或藥物。沒有花費金錢，也不需要人際關係或極大的恩惠。那個力量是愛：就是這麼簡單，平凡，容易付出。愛是最重要的。它包含憐憫、關心、安全感，以及信心的跳躍。我相信愛的轉變力量。我相信愛的醫治力量。

傑奇・蘭崔（Jackie Lantry）是麻薩諸塞州雷何波斯的醫院兼職員工。她和丈夫從中國領養了兩個女孩和兩個男孩。當傑奇問她的孩子們，他們相信什麼的時候，他們說：「家人。」

我所相信的美國

柯林・鮑威爾

——我相信當我們面對世界時，所擁有的最強大力量就是我國社會的開放性，以及國人熱情歡迎的天性。

我相信美國，我也相信我們的人民。

在這個月底，我要參加艾利斯島的一個儀式，接受我母親毛德・艾瑞兒・麥可伊於一九二三年時從牙買加搭乘蒸汽船特里亞巴號抵達美國的乘船證明和移民文件的複本。我父親比她早了三年，從費城港抵達美國。

他們在紐約市相遇，結婚，成為美國人，並且建立家庭。藉由他們的努力工作和對這個國家的愛，他們使這個國家變得富足，幫助她成長繁榮。他們也將同樣的國家之愛和樂觀的心靈深植於兒女和孫兒女的心中。

我家的故事很普通，數以百萬計的美國人講述的都是相同的故事。美國是一塊移民的土地；一個被所有國家接觸的國家，而相對地，我們也接觸到每一個國家。而且不只是移民接觸我們，還有來到美國，隨後返鄉講述其經驗的遊客。

我相信當我們面對世界時，所擁有的最強大力量就是我國社會的開放性，以及國人熱情歡迎的天性。在我國的愉快停留經驗就是我們手中最佳的公共外交工具。

在九一一事件之後，我們明白我國的開放性同時也是弱點。我們必須知道有誰進入國境，有何目的，並且知道他們何時離境，藉此保護我們自己。這絕對是適合且合理的要求。

可惜的是，對許多外國人而言，這類措施造成的印象是我們不再是一個歡迎來客的國家。他們開始前往其他國家求學及就醫，而且坦白說，他們開始把商機帶往他處。我們不能允許這種情形發生。我們的態度必須是：我們很歡迎你來。我們必須小心，但是我們不能害怕。

當我以國務卿的身分行經世界各地時，我經歷過反美的情緒。但是我也體驗到對美國的潛在尊敬和喜愛。人們仍然想來美國。無家可歸的難民知道美國是他們的夢土。即使加強了安全措施，仍有人在我們的大使館排隊，申請來訪。

你看，我相信二〇〇五年的美國與帶領毛德·艾瑞兒·麥可伊和路德·鮑威爾，以及其他數百萬人前來的那個美國並無二致。每天都把我父母獲得的禮物送給新移民的美國。一個以憲法立國的美國，這部憲法在全球各地激發自由和民主。一個擁有寬廣、開放、博愛的心胸，向全球有需要之人伸出雙手的美國。一個有時候似乎迷惑，而且永遠聲音眾多的美國——這聲音有個名字；它就叫做民主，而我們用它來排除迷惑。一個仍然是世界最黑暗角落的燈塔的美國。

去年我和一群巴西的交換學生見面，他們在美國停留數週的時間。我請他們和我分享在美國的經驗。一個年輕女孩提到某天晚上，這十二個學生前往芝加哥的一家速食餐廳。他們用完餐之後，發現身上的錢不夠，還短缺不少。驚惶之餘，他們硬著頭皮把問題告訴服務生。她離開，過了一段時間之後又回來，說：「我跟經理講了，他說沒關係。」這些學生仍然擔心，因為他們以為她會被扣薪來支付這筆餐費。她微笑，說：「不，經理說他很歡迎你們到美國來。他希望你們過得愉快；他希望你們能夠了解我們。他說他請客。」

這是一個巴西年輕人一再講述的關於美國的故事。那是我所相信的美國；那是全世界想要相信的美國。

柯林·鮑威爾（Colin Powell）從軍三十五年，從軍校的後備軍官訓練隊一直晉升到四星將軍，並於一九九一年波斯灣戰爭中擔任聯合參謀長。他歷任六任總統，並於二〇〇一至二〇〇五年間擔任國務卿。

正義的真正結果

費德里克・里瑪

——我相信當真誠的人類從混亂不堪的法律，以及單純的直覺中歸納出結論時，正義於焉產生。

上個星期二早上，我望著桌子對面的女人，她那相當溫柔的臉龐上布滿嚴重的傷疤。當她向丈夫提出離婚要求時，憤怒的丈夫在她臉上畫下這些傷口，還割下她一隻耳朵。

我是羅德島假釋委員會的一員。月復一月——整整十三年——我與罪犯和受害人見面。在我和同事舉行犯人的假釋聽證會之前，我們會和受害人見面，看他們是否願意和我們分享他們的故事。

每當我走進聽證室時，都形同再次考驗我對正義的信心。我一方面關心公共安全，一方面相信有部分的犯罪者確實有能力改邪歸正；我盡己所能地在二者之間取得平衡。我也無法忽視自己渴望懲罰那些刻意摧毀他人生活的罪犯。

在聽證會的當天，受害者幾乎都會請求我們不要釋放加害者。整個早上，我聆聽他們經歷的謀殺、強暴、兒童性騷擾、持械搶劫，以及家庭暴力等等令人作嘔的故事。

受害人回到自己的生活中（然而他們的生活往往已經搖搖欲墜）；幾個小時以後，我會發現自己和犯案者面對面。我坐下來，聽聽囚犯有什麼話說。他們的言語中往往充滿了懊悔、滿是盼望，還有大量的保證。

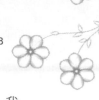

這些緊接著進行的會面，迫使我質疑自己對於基本人權究竟抱持何種信念。能夠成為我們這個體系的一部分，我甚感驕傲——儘管它並不完美。這個體系的大部分工作是公開進行的，並且嚴肅看待受害人和被告的權利。

但是事實是，要在這些彼此衝突的權利之間取得平衡，對我而言甚為困難。在和臉上滿是傷痕的女人見面後一個小時，我和她的加害人見面。這個怪物穿著囚服，用令人感動的見識為自己辯解，並且為了他處理失敗婚姻的笨拙方法大表懊悔。這個囚犯以觸動人心的字眼讓我看見他在監獄裡艱難的情緒分析所得到的結果——也就是在治療計畫，以及自我反省中學習到的東西。突然間，他似乎不是這麼可怕。

那麼，我要如何執行正義？我相信無法經由簡化的公式來獲得正義。相反地，當真誠的人類從混亂不堪的法律、規則、內容牴觸的故事，以及單純的直覺中歸納出結論時，正義於焉產生。

那天早上坐在我面前的女人，就是正義的一切。受害人嘆息、哭泣，害怕囚犯獲釋。但是我們都知道，那個犯人總有一天會走出囚籠——畢竟法官並沒有判他無期徒刑。我必須回答的問題是，他是否在我當班之時走出牢門。

執行正義並不是理論性的行為。每當我回答「我相信什麼？」這個問題時，都會造成真實的結果。

費德里克・里瑪（Frederic Reamer）是羅德島學院社會工作系的教授。他的研究及教學主要探討心理健康、犯罪正義，以及職業道德。里瑪自一九九二年起加入羅德島假釋委員會。

明天會更好

賈許・理登堡

——我相信我這一代也會目睹更美好的事。

我現年十六歲。有一天晚上，我正忙著思考重要的社會問題，例如週末要做什麼、要和誰共度週末等等，我不經意聽見父母談到我的未來。我的父親很煩惱——不是他和媽媽（我猜也是許多父母）平常擔心的事情，例如我要唸哪個大學，那個學校離家有多遠，還有要花多少錢。他擔心的是他那一代交給我這一代的世界，他擔心這個世界的未來將充滿黑暗和困難——如果它有未來的話。他的說法類似於：「會有一場殺死數百萬人的傳染病，一場毀滅性的能源危機，一次可怕的全球經濟蕭條，還有在怒氣中引發的核子爆炸。」

當我躺在客廳的沙發上，偷聽他們的對話，開始為了我父親描述的那個未來感到擔憂之時，我自己看著一些陳舊的家庭照。有一張我祖父穿著城堡制服的照片。他是一九四二年班（戰爭班）的一員。在他的照片旁邊，是我曾祖父的照片。他是艾利斯島的移民。看到這些照片，讓我感覺好多了。我相信明天會比今天更好——我這一代長大後所面對的世界會變得更好，而不是變糟。那些照片幫助我明白為什麼。

我想到祖父母和曾祖父母一生中經歷過的一些可怕事蹟：兩次世界大戰、致命的流感、種族隔離，一顆核子炸彈。但是他們也經歷過其他比較好的事：兩次世界大戰的結束、小兒麻痺疫苗、公民權利法案通過。他們甚至看到紅襪隊贏得世界大賽——兩次。

我相信我這一代也會目睹更美好的事——我們將見證AIDS被治癒，癌症被擊敗；中東將建立和平，非洲將變得富饒，還有芝加哥小熊隊贏得世界大賽——很可能只贏一次。我會看到對現在的我而言似乎不可思議的事，正如登陸月球對於十六歲時的祖父，或網際網路對於十六歲時的父親的意義一樣。

自從我還是小孩時，只要我那天過得不順遂，父親就會用手環抱我，向我保證「明天會更好」。我曾經反問他：「你怎麼知道？」他說：「我就是知道。」我相信他。我的曾祖父母相信這件事，我的祖父母相信，我也相信。那天晚上，當我聽著父親談話，對於我和我這一代即將擁有的未來而憂心忡忡時，我想用手臂環抱他，向他說出他一向對我說的話：「別擔心，爸爸。明天會更好。」我深深相信。

賈許．理登堡（Josh Rittenberg）就讀曼哈頓的哥倫比亞文法及預備學校，他在學校裡打棒球、彈吉他，並在無伴奏合唱團中擔任男高音。受到電視影集《法律與秩序》的啟發，理登堡協助成立學校的模擬庭審俱樂部。《新聞日報》發表過他所寫的關於過多家庭作業的論文。

始於思考的成長

艾蓮諾・羅斯福

——我相信你在這個世界上經歷的一切都有其價值。

一九五〇年系列精彩選輯

在我看來，要用言語表達我們堅持的信仰，以及受信仰左右而呈現在生活中的行為表現，是一件非常困難的事。我想我很幸運，因為我成長於一個擁有非常深刻的宗教感受的家庭中。我不認為我們經常談論這方面的事。我們多少認為理所當然的是，每個人都有某種信仰，而且需要靠自己的力量做一定程度的補強，而這個信仰則來自於你對神的信心和對禱告的認識。

但是當我年紀漸長時，我對於撫養我長大的祖母所認為理所當然的許多事情產生懷疑。而且我認為，我一定是個相當難共處的人，若不是我丈夫曾經說，既然你學習這些東西並沒有對你造成任何傷害，那麼何不讓你的孩子也學一學？等他們長大以後，他們會自己釐清思想。

這件事給我一種感覺：或許我們都必須如此——為自己釐清究竟能夠相信什麼，以及如何憑仗這些信念而活。因此我得到一個結論，你必須運用這一生，將你最好的實力發揮出來。

我不知道我是否相信未來的生命。我相信你在這個世界上經歷的一切都有其價值；因此，一定有一些原因存在。而且一定有一些「事情在發生」。至於這些事究竟是如何發生的，我一直無法判斷。確有未來存在——我很確定。但是如何存在，則是我不知道的。而且我漸漸覺得，這其實並不是非常重要，因為無論未來如何，當你走入其中時，你都必須面對它，就像無論生命的內容如何，你都必須面對它一樣。重要的是你絕對不能放棄盡己所能——也許你能做的不多，因為你或許沒有太多可以付出的東西，或是可以幫助他人的東西，或是賴以為生的東西。但是只要你竭盡全力，那就是你要在這個世界上做的事，也是你身在此世所完成的目的。

因此我努力實踐這一點——而且不去擔心未來，或將來要發生的事。我認為我可以算是個宿命論者。你必須接受命運，惟一重要的事情是你以勇氣和所有的能力去迎向它。

艾里諾・羅斯福（Eleanor Roosevelt）是富蘭克林・羅斯福的妻子，活躍於民主黨內，並於羅斯福總統任內協助擬訂各項新政。她被視為美國歷史上最活躍和最具影響力的第一夫人之一，提倡種族平等、女權，以及世界和平。

天性與訓練之間的平衡

——我相信每個人生來皆擁有獨特的核心自我。

葛羅莉亞・史坦能

是天性還是訓練？是遺傳還是社會？在這場時代性的大辯論中，保守派傾向於前者，自由派傾向於後者。但是我相信雙方都放錯了焦點。我相信它既是天性，也是訓練，原因如下。

我一直到十二歲左右才去上學。我父母認為搭乘活動房屋旅行和坐在教室裡一樣具有啟發意義，因此我沒有接受我那一代的一些典型教學——舉例來說：這個國家是在第一個白人踏足其上時被「發現」的，男孩和女孩實際上是不同種族，還有歐洲在課本中的比例應該高於非洲和亞洲的總和。

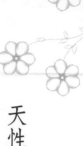

相反地，我在親眼目睹的環境中長大，跟隨好奇心的帶領，與書談戀愛，而且大致上是在成人群中長大——除了愛上書本這個部分以外，人類歷史中的大部分孩子都是這樣長大的。

不消說，學校給我當頭棒喝。我還沒有預備好要面對性別困擾、種族和階級情結，或是視戰爭和男性領導是人類天性的一部分（這對我而言是全新的觀念）。很快地，我屈服了，成為一個渴望肯定和試圖隨俗的青少年；這個階段一直持續到大學畢業。

我認為我的重生始於在印度居留的那幾年，在那裡，我加入一群甘地主義者，然後我回家支持甘迺迪，公民權運動，並且對越戰示威抗議。

但是大部分女性，包括我在內，都會停留在我們傳統的位置上，直到我們開始聚集、聆聽彼此的故事，並從共同的經驗中學習為止。很快地，一個全國性和跨國性的女權運動開始挑戰對男性而言是政治、對女性而言卻屬文化的觀念：居首位者可以更動，居第二位者卻不能變動。

我有獲得理解、從不真實的生活中醒來的感覺。並非我認為我的自我主權比外在權柄更加重要，而是它並不會比較不重要。我們既是群居，又是獨立的個體，並非二者只能擇其一。

從那時候開始，我花費數十年的時間，聆聽孩子們在面對社會角色衝擊之前和之後的心聲。面對一些不平等之處，年輕人說：「這不公平！」彷彿有一種對於認同和合作的根本期待存在，這種期待能夠幫助種族生存。但是等到孩子進入青少年期，社會壓力若非滋養就是扼殺這種期待。我懷疑他們發自天性、呼求公平的呼聲——或是任何未被扼殺的微聲呼喊——就是所有社會正義運動的根源。

因此我不再相信保守派的說法，認為兒童是天性自私、性好破壞的生物，需要利用階級或痛苦的控制來加以文明化。相反地，我相信階級和痛苦的控制創造出性好破壞力的人類。

我也不再相信自由派的看法，認為兒童是白紙，社會可以在其上任意揮灑。相反地，我相信每個人生來皆擁有獨特的核心自我；數千年的環境與傳承結果以無法預測的方式結合，過去不曾發生，將來也不會再發生。

真正的答案是天性和訓練之間的平衡。如果我們聆聽兒童話語的時間和教訓他們的時間一樣多，會發生什麼事？如果有哪一代人能在尊重當中成長，毫無暴力，又會發生什麼事？

我相信我們不知道這艘「地球號太空船」有何等大的可能性。

葛羅莉亞．史坦能（Gloria Steinem）是記者，也是女權、和平及公民權運動的社會運動家。她在一九五〇年代末期前往印度，激勵當地為女性和貧民的權利而戰。史坦能於一九七二年成立《婦女》雜誌，著有四本書。

你要如何相信神祕？

魯登・溫萊特三世

——我相信靈感的力量，我相信創作的神祕恩賜。

這裡有一個問題：你如何相信一個奧祕，一個你不明白、也無法證明的事？當我們還是孩子的時候，我們獲得鼓勵去相信一些神祕的事情，結果這些事並不一定都是真的，例如牙仙、復活節兔，或是旗仙。當然，在幻想破滅時，我們會失望，但是通常可以克服。但是我們之中有些人因此而變成懷疑論者，甚至憤世嫉俗。

在許多場合裡，我被問及是如何寫歌的。通常我會流利地回答：「我當然不會在早上醒過來，然後去削鉛筆。」然後我會隨興地說說我有多懶、多幸運，以及有一些比較聲名狼籍的削鉛筆機有多麼成功、多麼好用——其中有兩個還是我的英雄，法蘭克・洛瑟，以及厄文・柏林。

如果當時我覺得心情開朗，我就會提起神祕的這個層面，通常稱之為靈感，不過這個部分最多只占百分之五或百分之十。那是超越技術和訓練以外的事，當削鉛筆和咬鉛筆的動作停止時，有些東西，就像某些人所說的，「出現在你的腦海裡」。這其實有點像是釣魚；當然它帶有運氣的成分，但是也許你以為是在偷懶（我這樣講其實是在冒險），其實卻是很好的休息。

當我寫出自認為不錯的歌曲，當我發現整首歌可以組合成令人滿意的整體時，我常常發現自己仰望天空，感謝某樣東西，甚至感謝某位神。如果當時我獨自一人，衷心的感謝往往會脫口而出。我一向會在感恩節晚餐時帶頭說幾句話，或是在婚禮、葬禮，或聖誕節慶祝會中嘶啞地說「阿們」，但是通常這些只是令人困窘的無心之言。我從來不在晚餐或教會裡感恩。對我而言，感恩通常發生在我弓身抱著吉他數小時之久以後。

我相信靈感的力量，我相信創作的神祕恩賜。日常的微小創作（例如工作中的創作）就像是將一天辛勤捕得的漁獲拉上船來。當我寫出一首歌時，我會高興好幾天，不只是因為再度肯定我不會失業，雖然這絕對是原因之一。我想，我之所以快樂，主要是因為我經歷到真正的奧祕。我完全不知道它是如何發生的，也不知道它從何處而來。我寧可不知道。事實上，我寧可再也不要談這件事。這樣做可能會把魚嚇跑。

魯登・溫萊特三世（Loudon Wainwright III）是一個創作歌手兼演員，已經錄製二十餘張專輯，並在一九八〇年代間獲得兩次葛萊美獎提名。溫萊特在紐約州的溫徹斯特長大，但是幼年時住在加州比佛利山莊。

讓別人去操心身分問題

菲利斯・艾倫

——我相信我可以自由地成為我想要的人。我相信自己要成為一個好朋友，好情人和好母親。

站在雨中，等候踏上大劇院陽臺階梯的我抓著媽媽的手，看著那群金髮的小孩走進樓下的大廳。那時候是一九五〇年代，我是「有色人種」，我所相信的是：我的座位是在鎮上戲院的陽臺上，在公車的後段，以及白鴿烤肉店的後臺階。我問媽媽為什麼會這樣，她微笑著告訴我：「孩子，大家都做他們想做的事。你要做的就是盡你所能。」

我們在一九六〇年代得到第一部電視機，它把一口咬住一個年輕女孩腳後跟的德國牧羊犬的影像傳入我家客廳。它讓我看到像我一樣的孩子，穿過尖叫、憤怒的人群去上學，這群人的口裡還反覆說著我不被允許說出口的話。我不能再做「有色人種」。現在我們是黑人，為了我們的自由在街上遊行——至少鼓吹者是這麼說的。我相信，即使我很害怕，我仍然必須勇敢，為了我的權利站起來。

在一九七〇年代：我穿著舊牛仔褲，頂著泡泡光環般的髮型，還有高舉緊握的拳頭，站在城裡的街道上高喊。穿著時髦黑色皮夾克和小圓軟帽的憤怒年輕黑人從加州奧克蘭的遙遠海岸發出吶喊。當我們被毆打時，我們不再崇尚非暴力或靜靜地站在前線上。諸如「請」和「謝謝」之類的簡單禮節已不再。它是正式的；休伊、雷普，還有艾德里奇是這麼說的。我相信的是身為黑人和憤怒。

到了一九八〇年代，生產之神羅列在牆上，塞滿我所有朋友家中的展示櫃。過去對非洲的認識僅限於《泰山》電影的人開始口吐拙劣的史瓦希裡語。一九八〇年代為我們的稱呼是「非裔美籍」（**African-American**）。包裹在流線設計、明亮色彩、金光閃閃、編織精巧的服裝中，我是個從來不曾見過非洲的假非洲人。每個人都說：「那是你的遺產。」這時候，我相信的是故鄉那虛無飄渺的應許。

在一九九〇年代，我是個碰巧皮膚是棕色的女人，追逐著美國的夢想。每個人都說這個夢想是以物品累積而成。我相信的是花上幾天的時間去購物。卡債？我才不在乎什麼卡債。那可是一九九〇年代。我的**401**（**k**）（**譯註：美國於一九八一年創立的一種延後課稅的退休金帳戶**）有五位數字，而且我相信美國運通。然後經濟崩潰來臨，美國運通對我的信任可比不上我對它的信任。

現在則是全新的千禧年，追求名牌、穿金戴銀的視訊世代與我無關。當我步入五十歲時，一切都改變了。伴隨著皺紋、鬆軟的肌肉，以及衰退的視力而來的，是讓我得以堅持一份非常短的信念清單的自信。讓其他人去擔心身分的問題。我相信我可以自由地成為我想要的人。我相信自己要成為一個好朋友，好情人和好母親，這樣我就能擁有好朋友，好情人和好兒女。我相信的是身為女人——這是我最擅長的事，就像我母親說的一樣。

菲利斯・艾倫（Phyllis Allen）銷售黃頁廣告達五十年之久。她的工作時間有半數花在車程上，活動地區涵蓋德州達拉斯和弗特沃斯周遭的地區。她在車子裡寫作文章，並在電話公司的公設房間裡練習大聲朗讀。她希望退休以後能夠從事她最初的愛好——寫作。

紀念所有的男孩

艾爾維亞．鮑提斯塔

——我相信無論你的信仰為何，當你去世時，你都會希望墳上有花，希望有人去探視你的墳墓，用這種方式紀念你。

我相信每個人都值得在他們的墳墓上供奉鮮花。

每當我到墓園去探望我哥哥，看到墳墓上面沒有鮮花、只有冰冷石頭的時候，總令我感到難過。

他們看起來很寂寞，彷彿沒有人愛他們。我認為那樣的寂寞是世界上最糟糕的事。沒有人來探望你，拂去你名字上的灰塵，用色彩覆蓋你。沒有花的墳墓看起來就像墓中人已被遺忘。若是如此，活著有何意義——為了被遺忘嗎？

我哥哥的墳墓上幾乎每天都會出現新的東西——我帶去的花，或是一元商店的蠟燭，或是聖母瑪利亞的圖片，或是計量酒杯。甚至還有幾個小小的「赫米斯」，就是看起來像幫派分子的小玩具。

甚至有一度，我哥哥的朋友在墳上為了他放了一撮大麻——我想是我的母親把它們拿走了。我想她也把某天有人放在他墳上的藍色碎布拿走了。

有時候，當我帶著花去的時候，我會把花放在哥哥墳墓周圍的墳墓上。有些墓碑上刻的生日和我哥哥的生日相近；他們也都還年輕。但是其中有許多人，如果他們的墳上有任何小玩具或東西，都是紅色的。

在我哥哥周圍的都是喜歡紅色的男孩，使得他們成為我哥哥的敵人。我哥哥被一個喜歡紅色的人槍殺時，才十六歲，而他被殺只是因為他喜歡藍色。但是當我去墓園時，我也把花放在喜歡紅色的男孩們的墳墓上。

有時候我和一位最好的朋友一起到墓園去，她愛上一個喜歡紅色，在十八歲時被另一個喜歡藍色的人殺死的男孩。我們會一起去，帶著一大束花，足夠用來裝飾這兩個其實家人來自墨西哥同一州的男孩的墳墓。

除了我和少數幾個朋友之外，沒有人會同時探視雙方的墳墓。有些人認為這樣做不是個好主意。有些人認為這種行為很勇敢。

我認為抱持這兩種想法的人都一樣笨。我這樣做不是試圖輕視某種特別的規矩或是阻止任何型式的戰爭。我這樣做，是因為我相信無論你出身何處，無論你的信仰為何，當你去世時，你都會希望墳上有花，希望有人去探視你的墳墓，用這種方式紀念你。

我絕對不是叛徒，也絕對不是英雄。我是羅吉里歐·鮑提斯塔的妹妹，我說出他的名字，好讓你們能夠聽見，並且多一個記得他的人。我希望每個人都記得墓園裡的所有男孩，無論是紅是藍。當我們記得的時候，我們就會在他們的墳上擺設鮮花。

艾爾維亞·鮑提斯塔（Elvia Bautista）現年廿二歲，住在加州的聖塔羅撒，從事年長和心智障礙者的看護工作。在鮑提斯塔的哥哥被謀殺之後，她仍然留在原住處，但是其他的家人都已遷居。鮑提斯塔是高中輟學生，現在她和年輕人講論幫派生活的危險。

大山消失

里奧納多・伯恩斯坦

——我相信人類的潛意識，從這個深遂的泉源裡湧出溝通和愛的力量。

一九五〇年系列精彩選輯

我相信人類。我感覺愛、需要、尊重人，遠高於一切，包括藝術、自然景緻、宗教組織，或是國家主義的超級架構。站在山坡上的一個人影，就能令我對整座山視而不見。只要有一個為真理而戰的人，就能幫助我認定數世紀的陳腔濫調不適用。一個人遭遇不公平，就能使造成不公平的整個體系失去作用。

我相信人類最高貴的才幹就是改變的能力。人擁有理智，可以看到事物的兩面並進行選擇：他可能錯到極點。我相信人有權利犯錯。透過這個權利，人類辛苦而珍惜地建立了被我們尊稱為民主的制度。人類歷經艱難才完成這個制度，並且繼續歷經艱難來執行這個制度——藉由理智，藉由選擇，藉由錯誤和改正，藉由困難而緩慢的方法，使A的尊嚴獲得B的承認，而不致損害C的尊嚴。人類必須愛護同胞的尊嚴，才能擁有尊嚴。

我相信人的潛力。我無法消極地和那些以「人類天性」為名而放棄的人一同安居。

如果人類天性只是迫使人保持靜態，那麼它充其量不過是動物本能。沒有成長，沒有蛻變，就沒有神性。如果我們相信人類永遠無法建立一個沒有戰爭的社會，那麼我們注定要永遠爭戰不休。這是容易的道路。但是艱難而體貼的道路，亦即合乎尊嚴和神性的方法，則是建立在信任人類的基礎上，並且相信他們改變、成長、溝通及愛的能力。

我相信人類的潛意識，從這個深遂的泉源裡湧出溝通和愛的力量。對我而言，所有的藝術都是這些力量的結合；因為如果在我們進行個別溝通時，愛是最深刻的方式，那麼藝術的功能就是延伸這種溝通，加以放大，並將它延伸到數量更為龐大的人身上。因此藝術的重要性在於其中所包涵的溫暖與愛，無論它是最輕鬆的娛樂，或最辛辣的諷刺，或是最令人感到衝擊的悲劇，皆無二致。

我相信我的國家是前述一切事物表現得最明顯的地方。美國正處於她的歷史上最偉大時代的開端——在科學、藝術及人類朝著民主理想發展等方面扮演領導地位的時代。我相信她正處於關鍵點上，而她需要我們比從前更加堅定地相信她，並相信彼此、相信我們成長和改變的能力、相信我們彼此的尊嚴、相信我們的民主方法。我們必須鼓勵自由和創意的思想。我們必須尊重隱私。我們必須不濫用悲傷、成功，或是熱情，以保持鑑賞力。我們必須學習透過藝術，更深刻認識自己。我們必須更加倚賴潛意識、靈感的那一面，絕對不能讓自己成為教條的奴隸。我們必須相信良善是可以達成的。我們必須毫不恐懼地相信人類。

里奧納多・伯恩斯坦（Leonard Bernstein）是作曲家、指揮家及教育家，長時間擔任紐約交響樂團的音樂總監，並在該地帶領極為成功的「青年音樂會」系列演出。伯恩斯坦的作品《西城故事》、《錦城春色》、《韓第德》等等，為古典音樂和流行音樂建立新的關係。

怎麼可能相信神？

——我相信一個具有神性的智慧，要比默默屈從於關於自然的巧言堆砌來得容易。

小威廉・巴克里

我一向喜歡發生在十九世紀末、有興奮的年輕達爾文主義者參與其中的那段談話。他意氣風發地對年長的學者說：「怎麼可能相信神？」那個永垂不朽的答案是：「我發現相信神要比相信《哈姆雷特》是從羊排的分子結構演繹出來的容易得多。」

那個誇張的回答包含一切——智慧和深度。它不只一次提醒我，那些認為信仰理所當然等同於耽溺於迷信中的人，最常發出關於生命和本能的懷疑論調——事實上那是他們的鎮靜劑，引用毫無生命力的歷史宇宙論者的話語。當然，仰望星空就會令人不得不產生懷疑——這樣一個隨機的排列，除了是自然衝擊的精心之作——幾近無限——之外，還能有什麼解釋？是的，從另一方面來說，誰能斷言眾星的排列比較容易歸功於自然，而不是歸功於自然的創造者？那一個神蹟比較偉大：叫拉撒路從死裡復活，還是復活的死者和誓言看到他復活的見證人的存在？

懷疑論者透過攻擊信徒來脫身，他們大多會提出一些奇蹟，惟有認定這些奇蹟必有其目的、必然能夠推論得知其結果，才能解釋這些奇蹟的存在。但是我們如何推論《哈姆雷特》的目的？或是《馬太受難曲》的目的？靈感的目的為何？

我相信：就知性而言，相信一個具有神性的智慧，要比默默屈從於關於自然的巧言堆砌來得容易。當我還是小孩時，有一個短篇故事令我感到震撼。故事說到酒吧中有一個人誇口自己不屬於任何國家，以嘲諷的態度駁斥坐在他左右、態度強硬的顧客。但是在那天晚上稍晚，有一個人批評巴爾幹半島的一個小封邑，那個沒有國家的人卻揮拳以向，因為他無法忍受對於他的出生地的侮辱。

因此我相信，如果真有沒有國家的人，就可能有一個沒有創造者的世界。

小威廉・巴克里（William F. Buckley, Jr.）於一九五五年創辦《國家評論》雜誌，並擔任其編輯多年。身為保守派的時事評論家，他是長期播出的公共電視節目《火線》的主持人。巴克里也是廣受讚譽的布萊克福德・奧克斯間諜小說系列的作者。

走向接納與愛的旅程

——我相信我越愛自己，就越能看到其他人身上的美麗，我檢視自己的內心，尋找適合我的故事。

葛雷格・查普曼

我相信什麼？我相信我自己訴說的故事塑造了我的真相，我的靈魂，及我的生命。我的成長過程使我成為一個善良的浸信會會友，成為一個愛國的美國人。我的教育讓我相信天主教徒是偶像崇拜者，自由主義者是共產黨徒，還有黑人與白人絕對不能混雜。神坐在背景裡，準備判決我下地獄。神認為我的一切都是壞的，祂知道我每一個任性的思想。我生來就帶著原罪——我沒有機會。同時，身為美國白人，讓我獲得優越感，身為「較優秀」人類之一員的優越感。

隨著年齡越長，我開始對自己的性取向產生掙扎。每一天，我都要對抗驅使我落入不純潔的惡魔。我勉力抗拒，然後總會屈服在不聖潔的思想之下。我開始相信自己是不正常的，是神憎恨的一樣東西。為了尋找妻子，我試過交友服務。失敗之後，我等候某個人來可憐我，愛我。想到要偽裝自己的真面目以滿足他人，就令我感到噁心。我開始相信如果我給自己足夠的懲罰，神就會憐憫我，除去我的過失。

我將自己逼入深深的絕望之中。我想起我的聖經小組談到他們把一個拒絕停止同性戀行為的人趕出小組。我的血液感到刺骨的寒冷，我的心顫抖不止。我想起家人問我，我到底怎麼了。我為什麼不約會？我是一個不完全人的想法在心中盤旋。我不再去教會。我放棄被愛。到了三十五歲時，我所擁有的肉體親密關係不過是幾個擁抱。我的皮膚在缺乏愛的撫慰之中哭號。我毫無盼望，只希望如果我能夠忍耐下去，或許有一天，情況會改善。然後真的發生了。

我開始改變我的生命的基本故事，不再以為我是壞的，與神疏遠，是自然的怪胎。我開始愛我自己，並且相信神也愛我。當我不斷重複故事來加強這個信念時，我開始愛其他人，而且得到愛的回報。伴隨著我成長的種族主義消失了。我越愛自己，就越能看到其他人身上的美麗。我得到越多醫治，就越發把聖經和所有的偉大神話視為其他人講述的故事，我檢視自己的內心，尋找適合我的故事。

在六個月內，我與我的生命伴侶相遇，至今已達五年，而且來日可待；我成為美國聖公會教徒，並且重新建立我的政治信仰。我相信的是：正確的故事是最能幫助我愛自己、給我最大的創造能力、使我愛他人，並在他們的創造中支持他們的故事。因為我相信正是為了這些可怕的經驗，我們才會在這裡。所以，我是同性戀。而現在，經過數十年的掙扎之後，我講述的是關於同性戀的美好故事。

葛雷格・查普曼（Greg Chapman）的住所距離他出生的休士頓醫院有幾哩之遙。查普曼的職業是公司稅務會計，也喜歡寫作，正在創作一本小說。他說撰寫本文是一個醫治的經驗，因為它幫助他探討生命中最重要的時刻。

一段共享的信任時刻

——有一些時候，人必須倚賴其他人的美好信念和判斷力。

華倫・克里斯多夫

不久前的某一天晚上，我以時速約六十哩的速度，行駛在一條雙線道高速公路上。一輛車以大約相同的速度從對面駛來。當我們交錯而過時，我看到對方駕駛的眼睛，大約只有一秒鐘的時間。

我很好奇，在那一刻他是否像我一樣，心裡想著我們對彼此的倚賴程度有多深。我得倚仗他不打瞌睡，不因為行動電話交談而分心，不開到我的車道上使我的生命突然中止。雖然我們從來不曾和對方交談，他一樣要倚賴我。

將這個事件乘上數百萬次，我相信這就是世界運作的方式。在同樣的層次上，我們都倚賴彼此。有時候這種倚賴只需要我們不做某事，例如不跨越雙黃線。有時候它需要我們和盟友合作行動，甚至和陌生人合作。

回想一九八〇年代，我和伊朗就釋放五十二位美國人質進行談判。伊朗政府拒絕和我當面對談，堅持透過阿爾及利亞政府來回傳送訊息。雖然過去我從來不曾和阿爾及利亞的外交部長合作過，但是我必須倚賴他傳送和接收訊息，在我的訊息的用字和意義上都必須絕對正確。在他不可或缺的協助之下，五十二位美國人都安全地返家。

隨著科技縮小我們的世界之際，國家之間合作的需要也隨之增加。二〇〇三年時，五個國家的醫生被迅速動員起來辨識SARS病毒，以拯救數以千計的生命。國際恐怖主義的威脅也是類似的問題，需要全球警方和情報力量的合作行動。我們必須明白，我們的命運不單單由自己來控制。

就我個人而言，我非常重視個人的責任。但是，隨著年歲過去，我也開始相信有一些時候，人必須倚賴其他人的美好信念和判斷力。因此，當我們必須——在某個時刻——獨自行駛於漆黑道路時，我們必須透過經驗得知迎面而來的燈光可能不是威脅，而是一段共享的信任時刻。

華倫·克里斯多夫（Warren Christopher）於一九九三至一九九七年間擔任美國國務卿。身為卡特總統的副國務卿，他協助與中國的關係正常化，爭取批准巴拿馬運河的條約，並且釋放了被囚於伊朗的美國人質。克里斯多夫是北達可他州的本地人，現居於洛杉磯附近。

你將面對的最艱難工作

——我相信在面對自己最強大的恐懼並且全身而退之後，可以獲得難以置信的自由。

瑪麗．庫克

我的未婚夫摔死的那一天，天空開始下雪，就和任何一個十一月的日子一樣，彷彿當他從屋頂上掉下來的時候，我的世界還沒有傾覆。當我發現他的屍體時，他的屍體覆著一層薄雪。接下來的四個月幾乎天天下雪，我坐在沙發上，看著雪堆積日深。

有一天早上，我拖著腳步走下樓，震驚地看到一部掃雪機在清理我的車道，還有一位婦女佝僂著身子剷除我的走道上的積雪。我跪下來，爬過客廳，回到樓上，以免這些熱心幫助我的人看見我。我感到羞愧。我的第一個念頭是，我要如何報答他們？我沒有力氣梳頭髮，更不用說是清理別人的走道了。

在瓊恩去世之前，我頗以很少尋求他人幫助或施惠而自豪。我用自己的能力和獨立來定義自己。那麼如果我不再有能力、不再忙碌，我是什麼人？如果我只會每天坐在沙發上看著雪飄落，我如何能夠尊重自己？

學習接受送到面前的愛與支持並不是一件易事。朋友們為我煮飯，我哭，因為我甚至無法幫助他們擺設餐具。我大哭：「通常我不會這麼懶惰。」最後，我的朋友凱西陪我坐下，說：「瑪麗，為你煮飯並不是雜務。我愛你，我願意做這件事。能夠為你做一些事，讓我感覺很好。」

在那段黑暗的日子裡，我一而再、再而三地從支持我的人口中聽到類似的觀點。有一個非常聰明的人告訴我：「你並不是什麼事都沒做。完全接受你的悲傷，可能是你所做過的事情當中最困難的一件。」

我不再是過去的我，但是在許多方面我變得更好。現在我的生命中交織著感激和謙遜。我驚訝地知道，在面對自己最強大的恐懼並且全身而退之後，可以獲得難以置信的自由。我相信在降服之中自有力量。

瑪麗・庫克（Mary Cook）是阿拉斯加的哥斯塔伏斯的一家空運公司的地勤人員，該城鎮有四百個居民，被冰河灣國家公園環繞。除了裝卸飛機的貨物之外，庫克也處理郵件，並經營該鎮惟一的咖啡屋。她也是收容所的志工。

好事也可傳千里

諾曼・可溫

——我相信只要有正直和關心的人存在，只要他們不保持沉默或被排擠，就有機會傳播正確的事物。

多年以前，在觀賞電視的棒球比賽轉播時，我看到擔任道奇隊投手的歐若・赫錫瑟投出一個快速球，擊中打擊者。攝影機拍到赫錫瑟的特寫，我可以讀出他的嘴唇說：「抱歉。」被保送上一壘的打擊者以友善的態度向投手點頭，比賽繼續進行。

只不過是兩個字，我突然間對於赫錫瑟和那位打擊者，以及整場比賽的感覺好極了。那只是一般的禮節，但是它在我心中留下非常深刻的印象，過了許多年仍然牢記在心。

一般禮節衍生出來的態度是仁慈、同情與體諒。採取這些態度所獲得的回報則是覺得這樣做的感覺很好。當路口的一位駕駛向另一位等候匯入車流的駕駛做手勢：「前進，沒問題，進來」，而接受者微笑並做出感謝的手勢時，施惠者會享受到喜悅的幸福。這是一件非常小的事情，但是意義非凡。基本上，它與憐憫有關，一種近來極其罕見的特質——而且越來越稀少。

但是注意，我們不要自欺。期待這種仁慈、體諒和憐憫能夠撥亂反正、修補傷口、維持和平，並且使新世紀走上遠離遺傳惡行的道路，那就是愚昧。就算是天堂賜下的方法，這種期望也過高，而且天堂可不管這事。追根究柢，可以歸因於榜樣的價值；榜樣可以是正面或負面的，而且它的運作方式類似於：平靜的海洋和順遂的航程不構成新聞，船難才是新聞。由於這個原則使然，大部分流傳的新聞是壞消息。這些消息的壞處被公開傳播，而負面的宣傳則透過重複和模仿而吸引更多同樣的事發生。

但是好事也可以像惡事一樣傳播，而這正是仁慈和憐憫發揮作用之處。只要有正直和關心的人存在，只要他們不保持沉默或被排擠，只要他們在思想和行為中保持警戒，就有機會傳播正確的事物，因此民主不再是選擇小惡，投票權不會再被拒絕投票所背棄，言論、集會、宗教，以及異議的自由再也不會被遺棄。但是為何還要拖延？無論種子要花多少時間才能發芽，為何我們還在等候，不肯開始播種？我們用兩百多年的時間陷入當前的困境，可能要花同樣長的時間來脫離，但是總得有個開始。

諾曼・可溫（Norman Corwin）在一九四五年的作品《勝利筆記》敘述二次世界大戰在歐洲的結束，被視為廣播的傑作之一。可溫已經九十高齡，仍然繼續在南加州大學教授寫作和新聞學。他的客廳並列著廣播紀錄和他的棒球紀念品。

無從捉摸卻神聖的核心

——我相信人體有多麼短暫而脆弱，相較之下，靈魂卻是永恆。

凱西．達蘭

我在一九七〇年代初期進入大學就讀，而且我對神和基督的信仰堅定不移。但卻是透過一個貌似不可能的課程，使我所堅信的不僅僅是一個強大真理的教條而已。

由於我主修英文，因此我沉浸於各種思想和哲學之中。但是除了沃茲沃斯的田園詩歌和卡夫卡的存在主義短篇故事之外，我覺得需要學習一些實際的東西——在血液、骨骼和細胞的世界裡。

因此，我選修了「人類解剖學與生理學一〇一」這門課。作為課程作業的一部分，教授帶我們去參觀大體解剖，讓我們得以親身體驗到目前為止僅限於教科書和圖片的課程內容。

當我們走進停屍間時，我們的聲音陡降為耳語，我們的眼睛被陳列在牆上瓶罐中的人體部位所吸引。

在解剖室裡，一具男性的屍體躺在一張不鏽鋼桌上。他的皮膚呈臘黃色，凹陷，幾乎就像塑膠。他的嘴張開。

他是自殺而死。

醫師畫下一刀，沒有血流出來。幾個站在外圍的學生昏倒了；我總算挺直站立，並且擠得更靠近了一點。在那裡，在屍體裡面，就和我們接受的教導一樣，有心和心室，胃仍然散發出酵母的味道，骨瘦如柴的形體，如紙一樣薄的腸圈。

由於某些不明的原因，我想到這些器官並不能解釋恐懼或貪婪、野心或愛情。沒有那一個器官可以供我探索，以發現仁慈的存在；也沒有那個組織可以供我探索，以發現人類的意志，或是創作音樂的動力。

醫師揭開那個人的一部分頭皮，然後用一把電鋸小心翼翼地切開頭骨。大腦曝露在外，彷彿放在一個繭裡面，因思想和經驗而滿布皺紋和皺摺。

看著那一團灰色的神經組織，我無法把我所知道的關於自我犧牲和饒恕，甚至這個自殺者的種種證據，與「人的生命僅由一個人的生理構成」的說法結合起來。我對自己就有足夠的認識，可以承認我擁有仰慕、想像，以及種種不能簡化為化學反應或電子脈衝的思想。

那一門課，尤其是解剖的經驗，帶領我進入超乎預期的深度。我選修人體的課程，希望認識我們具體的生理實體。但是，我卻以更加深刻的方式發現人體有多麼短暫而脆弱，相較之下，靈魂卻是永恆。

這個難以捉摸、但卻神聖的核心價格向我微聲訴說上帝，訴說我認識祂、享受祂的能力。它驅使我看到表面之下，提醒我自己：無論是隔壁那位蹙眉走向郵箱的小姐，或是大步沿街而行的孩子們，還是我那位喜歡對話的無神主義論朋友，他們都和我一樣，擁有一個永恆的靈魂，值得憐憫。

凱西．達蘭（Kathy Dahlen）自從七年級的老師鼓勵她喜愛語文開始，就想要成為作家。她是自由作家，也是以英語為第二語言的志工教師。達蘭住在華盛頓州的瑟昆，那是一個位於奧林匹克半島北岸的村莊。

父親的晚星

——我相信我們需要一個使我們致力於比自己或職業更為遠大、更重要之事的信仰。

威廉・道格拉斯

一九五〇年系列精彩選輯

在悲傷或挫折的時候，我經常想起多年前在華盛頓州亞奇瑪的一個家庭場景。那時候我大概七八歲，父親已經在幾年前過世。母親坐在客廳裡和我談話，告訴我父親是一位多麼了不起的人。她告訴我關於他最後的疾病和死亡。她告訴我他離開華盛頓州的克利夫蘭前往奧瑞崗州的波特蘭，去參加一場死亡戰役。他留給她的遺言是：「如果我死了，那將是榮耀；如果我活下來，那就是恩典。」

我還記得這些話令我感到迷惑。我無法理解為何死亡會是榮耀。活著是榮耀，這我可以理解。但是為什麼死亡會是榮耀，則是後來我才能理解的觀念。

然後有一天，在極度危機的時刻，我終於明白父親的話：「如果我死了，那將是榮耀；如果我活下來，那就是恩典。」那是他的晚星——對於一個比人類更偉大的力量的信心。那是我們祖先的信仰。相信一位在宇宙中掌管人類的神，祂用不同的方式向不同的人彰顯自己。有許多學者和有識之士，在數十種不同的信條中寫下這個信仰。但是凌駕於所有俗世論戰之上的，是對一位至高者的信仰，祂是創造者，生命的給予者，全能的神。

人類長久的努力就是為了得到自由。在整個歷史中，人類一直在對抗各種會奴役其意志或身體的暴政形態。本世紀到目前為止，這個世界已經湧起三股這樣的浪潮。只有當我們能夠依靠自我獲得自由時，才能在日增的危機當中保有我們的自由。錢幣，槍砲，以及科學和機器的所有奇妙產品都不夠。「今夜必要你的靈魂。」

近日來，我看到貪污和腐敗在政府中甚囂塵上。近日來，我看到人們不敢說出他們的想法，因為會有人認為他們是異端，因此必定不忠。近日來我看到美國越來越認同物質的事物，越來越不認同屬靈的標準。近日來，我看到美國漸漸遠離基督教信仰，在外國表現得像一個傲慢、自私、貪婪的國家，只關心武器和錢財，而不在乎人民和他們的希望及志向。近日以來，我父親的話越來越常出現在我的腦海中。

我們需要他的信仰，我們祖先的信仰。我們需要一個使我們致力於比自己或職業更為遠大、更重要之事的信仰。只有當我們擁有這樣的信仰時，我們才能在這個世界歷史上最為重要的時代裡，導引萬國的命運。這是我的信念。

威廉·道格拉斯（William O. Douglas）於一九三九至一九七五年間擔任美國最高法院的助理法官。在孩提時代，他在華盛頓的住所附近的卡斯卡德山脈裡步行，以強化因小兒痲痺症而衰弱的腿。他的理念特色在於強烈主張個人權利，以及不信任政府的權力。

誠實的懷疑者

伊莉莎白・杜奇・厄爾

——我相信我無法再忽視責任而不感到罪惡感。

一九五〇年系列精彩選輯

在十六歲時，我的許多朋友都已經選擇一個宗教信仰（通常是他們父母信仰的宗教），而且因為許多關係而被限制在其中。我在宗教方面仍然是個「自由人」，仍在尋找成年之後能夠導引我的信仰。我擔心我會一直不斷地尋找，永遠無法獲得最後的滿足，因為我擁有既是祝福也是詛咒的天賦——一個疑惑、追根究柢的思想。

目前，我疑惑的心靈已經在一些思想中找到安慰，這些思想是從書籍和經驗中汲取而來，形成一種個人哲學。我發現這個哲學——一個由數句話構成的信條——可以補宗教之不足，但是不能取而代之。

有一個幾乎放諸四海皆準的規則是：「見當為而不為，是一種罪行。」基於這個信念，我自願從事不愉快的工作，或是撿起地上的廢紙。我無法再忽視責任而不感到罪惡感。這確實是個「微小的聲音」，但是因我自己對於責任的敏銳感受而更顯清晰。

「困難的工作我們可以立刻完成，不可能的事只需略為多花一點時間。」這是一位未來的科學家的座右銘，他已經在勉力發掘生命的奧祕。這句話透露出年輕人面對困難或失敗所需要的樂觀。

清教徒牧師約拿單・艾德華堅信：不出於報復的動機去做任何事。我是現代人，是一個與清教徒思想毫無關係的教會的成員，但是我接受這個信念。由於報復和反擊似乎已經成為現今各國接受的行為，有時候我難以把我的道德信念與成人傳遞給我們的混亂世界相互調和。很顯然地，如果要使生命更能忍受，我必須遵循我的原則，希望這樣的感受累積到足夠的份量時，能夠影響我周圍的人，產生連鎖反應。

對於一個會思考的人而言，這樣的決心是非常寶貴的；但是，他們在心靈中往往有一處真空。教會各顯神通，試圖填補這處真空。今年我去過許多教會，從正統教會到極端自由派都有。在我尋求個人信仰的過程中，我認為我的責任是要接觸所有形態的宗教。每個教會都在我心裡留下一些影響——若不是對於神和人的新概念，就是對於這些信仰的認識和尊重。我發現體驗其他宗教，是除去自我偏見的最佳途徑。

透過這些造訪，我更加明白正統基督教信仰的論據，但是我仍然無法接受它。我對上帝抱持著單純的信仰，也希望我試圖過著端正生活的嘗試能夠令祂喜悅。即使我發現沒有死後的世界，我追求道德生活的動機也不會因此而摧毀。我的心中有足夠的哲學思想，可以單單為了公義的緣故就喜愛公義。

這是我的年輕哲學，一個簡單、自由，而且樂觀的心態，雖然我擔心在我越來越長大成人之時，可能會失去其中一部分想法。畢竟，「傳統思想者可能是對的，我可能是錯的」的想法，已經使我搖擺不定。但是，這些是我在十六歲時的信念。如果我錯了，我也還太年輕，無法明白我的錯誤。有些時候，在心裡沮喪之時，我想到「神喜愛誠實的懷疑者」這句話，就感到安慰。

十六歲至今，我學習到什麼？

伊莉莎白・杜奇・厄爾

——我相信要明辨應做之事並不是那麼容易，但是我感激的是，我仍然有一些時日可以繼續嘗試做正確的事，

五十多年前，在十六歲的時候，我寫了一篇文章，發表於最初的「我相信」系列。從那時候起至今，我已經度過大半生，包括大學、和同一個男人結連理超過四十年、養育兩個女兒，加上科學界的事業，兩個活潑的孫子，還有父母及朋友的去世。

我仍然相信很久以前我所寫下的大部分想法。我早年的許多性格仍然存在，包括對於宗教權威的懷疑、對世界的好奇心，以及對於正直生活的強烈渴望。現在我所見的世界令我憂心的程度至少與一九五〇年代時相當。

那麼，自從十六歲至今，我有沒有學習到什麼重要的事？

現在我知道，生活往往是不公平的。我自己的生活一帆風順，有許多快樂，沒有特別的悲傷或痛苦。但是前往其他國家旅遊，經過更直接的體驗，或是單單閱讀新聞，就讓我看見對許多人而言，生活有多麼艱難。這種對比令我感到困擾，而且我仍然不確定應該如何面對這種現象。我確實相信，我們這些生活順遂的人不應該把自己的好運視為

個人功勞或權利的指標，而應視之為明察他人需要的義務。

遺憾的是，我已經失去了年輕時「做當做之事」的樂觀目標。我試著成為我所認識之人的好友，支持具有我所尊重之更廣大目標的主張，但是我承認，我的努力只能對世界造成極小的改變。

做一個仁慈的人，並追求社會公義，仍然是我極為看重之事，但不是基於宗教的理由。年少的文章中表示的「對上帝的單純信仰」已經在歲月中淡去。但是，經過九一一事件之後，我回到唯一神教派的教會，也就是我在十六歲時參加的宗派。我再度意識到，對於生命更深刻本質的共同反省具有支持和振奮的力量，並能在屬世的道路上提供一致的推力。

我相信活在當下是好的。最近我聽到一句話並且深以為然：「無論你在那裡，都要全力以赴。」這句話可能並不適用於所有人；在苦難中卻視而不見或許是明智之舉。但是像我這樣，把焦點放在明天的待辦事項上、經常在室外一面走路一面看報紙的人，我們應該記得也要仰望天空，以及看看周圍的人。

我相信當你感受到喜樂之時，務必要承認並且珍惜之。有時候（而且不只是在特殊的場合中）我會突然明白我現在真的很快樂。這是一個珍貴的體驗，值得品味的經驗。

當我年輕時，過著誠實而道德的生活似乎是個簡單的目標。現在我知道，要明辨應做之事並不是那麼容易，實際去執行更是困難。但是我感激的是，我仍然有一些時日可以繼續嘗試做正確的事，並且品味我這一生剩餘的每一天。

伊莉莎白・杜奇・厄爾（Elizabeth Deutsch Earle）在十六歲時，在她的家鄉克里夫蘭贏得了「我相信」徵文比賽。她的獎勵是前往紐約市，為原系列的廣播節目錄音。現在的厄爾是康乃爾大學的植物種植學教授。

為同胞服務的理想

——我相信人類的道德行為應該有效地建立在憐憫、教育，以及社會連結上。

艾伯特・愛因斯坦

一九五〇年代系列精彩選輯

我們能夠經歷的最美好事物就是奧秘之事——我們知道有自己無法理解的事物存在，這是最深刻的理智與最燦爛的美麗同時呈現的結果。我無法想像神會因其創造物的目標而施予獎賞及懲罰，或是擁有我們所能體會的意志。我對於生命永恆的奧祕感到滿足，也因為察覺（並得以窺見）現存這個世界的奇妙結構，並且決心要理解呈現在自然界中的理性——無論我能夠理解的部分有多麼微小——而感到心滿意足。這是宇宙信仰的基礎，而且在我看來，藝術和科學最重要的功能就是喚醒受眾心中的這種感受，並且使它保持鮮活。

我發現相信人類基本價值的並不是美國，而是具有創造力、感受力的個人，也就是人性，只有它才能創造出高貴與莊嚴。

人類的道德行為應該有效地建立在憐憫、教育，以及社會連結上。雖然道德是所有的人類事務當中最為重要者，但是它無關乎神明，純粹與人有關。在歷史進程中，與人類對待彼此之行為，以及其族群應有結構有關的理想，一直是受啟蒙人士所擁護及教導的內容。這些理想和信念——它們是歷史經驗、同理心，以及對美麗與和諧的需要所帶來的結果——通常是人類樂於承認的，至少在理論中是如此。

西方人渴望與判斷的最高原則來自猶太基督教的宗教傳統。這是一個非常高尚的目標：讓個人得以自由且負責任地發展，好使他能夠自由並樂意運用其力量，為所有人類服務。

為獲讚賞而致力追求讚賞、對正義近乎狂熱的喜愛，以及爭取個人自主權，形成了猶太民族的傳統主題，而我正是其中一員。

但是如果我們把這些高標準清楚地放在眼前，再比較現今的生活和精神，顯而易見的是人類自己正面對極大的危險。我認為當前危機的原因在於將個人放在與社會同等的地位。個人覺得比過去更需要倚賴社會，但是這種倚賴並不是正面的，個人並不覺得受到呵護，不覺得自己是一個有機整體的一部分；他認為這種倚賴是對個人天賦權利的威脅，甚至威脅到個人的經濟。因此，個人在社會中的立場是：只要能夠驅策自我的事物就獲得鼓勵及發展，而驅策個人走向其他人的力量——從一開始這就是一種微弱的刺激力量——則被置之不理，任其荒廢。

我相信的是，要消滅這些邪惡只有一個方法，也就是建立一個計畫經濟，並配合以完成社會目標為目的的教育。除了發展個人能力之外，教育也必須恢復以服務同胞為目標的理想，而且這個理想必須取代對於權力和外在成功的讚美。

艾伯特·愛因斯坦（Albert Einstein）於一九一六年發表一般相對論，對物理學和宇宙學的研究產生強大的影響。他於一九二一年因光電效應的研究而獲得諾貝爾物理獎。愛因斯坦在普林斯頓高級研究學院任教多年。

說出真相的力量與奧祕

——我相信應該在眾人面前說正確的事，因為正確的事往往是最不為人察覺的。

伊芙・恩斯勒

我相信說出真相的力量和奧祕。語言有能力轉換我們的細胞，重組我們的行為學習模式，並改變我們思考的方向。我相信應該在眾人面前說正確的事，因為正確的事往往是最不為人察覺的。

就拿「陰道」這個詞來說吧。我相信只要在每場演出中說上一百二十八次，夜復一夜，明言我的羞恥，除去我的祕密，透露我的渴望，我就能回歸到自身、回歸到我的身體。經常在不合時宜的地點提及，並且高聲說出這個詞，次數夠多以後，說出這個名詞的行為就同時具備政治和神祕的意味，並且催生了結束對女性使用暴力的全球運動。公開說出代表身體上一處被埋藏、被否定、被視為羞恥部位的禁忌字眼，就像一扇門被開啟，一股能量的爆發，一段故事的開展。

當我終於能夠以成年人的身分與我的母親同坐，明確說出父親在我孩提時代加諸於我身上的性暴力和人身暴力時，那是一個無法想像的時刻。移去我二十年抑鬱的正是說出真相，當著她的面說出實際發生的事情。在過去，當我保持沉默時，我壓制了我的經驗，否定它，壓抑它。這樣做摧毀我的整個生活。我相信，就是在說出來的這一刻，我和母親終於能夠面對我們內心最深處的惡魔和欺騙，獲得自由。

我想到說出阿富汗的塔利班政權對她們施加殘暴行為的婦女，還有說出在波士尼亞戰爭期間遭受強暴的女性，或是最近在海嘯過後發生在斯里蘭卡的情形——婦女在難民營中排隊說出她們的夢魘和損失及需要。我在各地遊歷，聽到一個又一個女人說出約會強暴，或是被潑酸液、破壞生殖器、被男友背叛，或是被繼父騷擾的經歷。

當然，這些故事都痛苦得令人難以置信。但是我相信，當每個女人第一次開口說出她的故事時，就打破了沉默，這樣一來也打破她的孤立，開始融化她的羞恥和罪惡感，使她的經驗化為真相，除去她的痛苦。

我相信一個人的宣告能夠如同星火般燎原。海倫・卡狄考特指出加速核子武器競賽的後果，從而引起反核運動。走出來指控阿布葛拉布監獄虐俘事件的英勇戰士則引發全面性的調查。

說出真相，突破禁忌和否認，是最危險、最恐怖，也是最艱難的工作。但是無論政治氣氛和壓制，無論事業成敗，無論遭受批評、排斥或非議的恐懼，真相都必須被揭露。我相信自由始於說出真相。人性因此而得以保存。

伊芙·恩斯勒（Eve Ensler）是一位作家和活躍分子，現居紐約。她的劇作《陰道的獨白》已經翻譯為三十五種語言，單單在二〇〇四年即演出兩百餘場。恩斯勒是V-Day的創辦人，該機構支持結束對全球婦女及女孩的暴力行為。

目標：服務人類

安東尼・弗西

——我相信我有責任，要對社會產生正面的影響。

我相信我有責任，要對社會產生正面的影響。我選擇公僕的職業，力圖達成這個目標。我是個內科醫師，也是科學家，對抗感染疾病的挑戰。我將我的工作視為一項恩賜；它讓我得以嘗試並協助除去人類的痛苦。

我有三個支持生活的指導原則，而且我每天都會思考這三個原則。

第一，我對知識擁有無法熄滅的渴望。知識與真理攜手共進——這是我在耶穌會的教育中，透過一些堅定不移的愛學習到的，最初是在紐約市的雷吉斯中學，然後在麻塞諸塞州沃塞斯特的聖十字學院。我認為自己永遠是個學生。我每天都在尋找和學習：透過實驗室中的實驗，透過閱讀科學期刊，透過照顧病人。因此之故，我很少感到無聊。

第二，我相信要追求卓越。事無分大小，我都勉力為之！我不認為這有何不妥。身為完美主義者，以及不斷試圖自我提升的副產品之一，就是清楚感受到自己身為劣等人的焦慮和糾纏不休的無能感。但這並非毫無目的的焦慮。不，這種焦慮使我保持謙卑。它創造出一種健康的緊張，成為驅使我發揮有限潛力的觸媒。

這種理念使我成為一個更優秀的內科醫生和科學家。若是沒有這份緊張，我就不會如此專注。

我已經接受一個事實：我永遠不可能如自己所期望的那樣有知識。正是這種認知，使得追求知識這件事得以永保刺激感！這也是即使上班沒有薪資，我仍然會繼續工作的原因之一。

第三，我相信身為內科醫生，我的目標是服務人類。

我的整個職業生涯都用於公共服務，大部分投注於研究、照顧病人，以及和HIV-AIDS流行病有關的公共健康政策。當我在一九八〇年代決定專注從事AIDS研究時，許多同事認為我是受到誤導，才把所有的心力放在當時被視為「不過是男同性戀者的疾病」上。但是我覺得這就是我的命運，而且與我接受的訓練完全相符。我的內心深深明白，AIDS將成為一場公共健康的大災難。我致力對抗這個龐大的全球性公眾健康災難，以及它可能造成更大破壞的潛力。

一定要控制AIDS。我相信，即使我只想在控制這項可怕疾病的事上獲得些許的成功，我也必須由這三個原則來導引。我必須不斷地渴求知識，不接受不夠卓越的結果，並且深知全球社會的福祉比我個人更加重要，更加巨大。

安東尼・弗西（Anthony Fauci）小時候專門騎腳踏車幫他父親的藥局遞送處方。目前他擔任美國國家過敏與感染疾病研究院的主任，專門研究HIV/AIDS、氣喘、過敏，以及其他疾病。他針對全球AIDS危機以及生化恐怖主義方面的威脅為政府提供建議。

無人愛你時仍然愛你的人

西塞兒・吉爾默

——我相信家庭。對我而言，這不是我出生那天所存在的那個家庭，為了我而出現在那裡的那個家庭。

我相信家人不僅限於血源親屬，有時候家人就是在沒有其他人愛你的時候，現身愛你的人。

一九七七年五月，我住在休士頓十號州際公路旁的一間豪爾・強生飯店。我和父親共住一個有兩張雙人床及一個浴室的房間，對一個內向的十五歲女孩和她的父親來說，這個房間委實太小。父親的第二次婚姻亮起紅燈，我的繼母在前一週把我們兩個人趕出來。父親不知道該怎麼與我相處，而我的其他家人也就在這個時候出現了。

芭芭拉和羅蘭・比奇接納我進入他們家中，因為他們的獨生女，蘇，是我最要好的朋友，她要求他們這麼做。接下來的七年裡，我和他們住在一起。

芭芭拉漿洗我的厚斜紋布裙子，一如為蘇做的事。她會為我預備午飯錢，和醫生約定就診時間，幫助我做作業，喬達奇牛仔褲，普克珠貝的項鍊，還有晚安的擁抱。芭芭拉和羅蘭參加我和蘇領頭進行的每一場足球比賽，我參與的每一場戲劇演出，即使我沒有臺詞也一樣。就我記憶所及，對比奇一家人而言，我和蘇之間並無差別：我也是他們的女兒。當我和蘇前往不同的學院就讀時，在我就學的四年裡，他們保留我的房間原封不動。最近，芭芭拉讓我看到我剛搬到他們家時，他們為我買的保險，而且繼續付了二十三年的保費。

比奇一家接我回去時，他們完全清楚我的狀況。在我七歲時，我母親因為自殘的槍傷而死亡，從那時候開始，我父親就倚靠他人來撫養他的孩子。當我搬進比奇家時，我認為生命完全不公平，愛是空洞和不值得信賴的。我認為惟一會照顧我的人就是我自己。若是沒有比奇一家人，我會成為一個苦毒、憤世嫉俗的女人。他們給我一個讓我得以成長和改變的家。他們使我不至於被過去所麻痹，而且給我毫無保留的信心。

我相信家庭。對我而言，這不是我出生那天所存在的那個家庭，而是當我住在十號州際公路的豪爾．強生飯店時，為了我而出現在那裡的那個家庭。

西塞兒．吉爾默（Cecile Gilmer）自從一九六二年出生於聖安東尼歐以來，搬了二十六次家。現在她和她的貓和狗住在猶他州的洛崗，從事活動策畫。吉爾默仍然與朋友蘇及比奇一家保持密切的聯繫，最近剛剛參加他們的家庭聚會。

解決問題的意願

——我相信讓我們能夠年復一年堅持下來，直到我們的子子孫孫能夠擁有這種自由，以及這份富裕的，正是領袖的素質、一個民族的勇氣，以及解決問題的能力。

紐特・金理奇

我相信世界本質上就是一個非常危險的地方，現在非常好的事很快就會變壞。

最近我站在查理檢查站，看到過去柏林圍牆聳立的地方，僅僅二十年前，有數百萬人過著受奴役的生活；我知道這種情形可能重演。我站在屠殺了數百萬人的奧斯威茲集中營。然後我讀到蘇丹的達佛，那裡有成千上萬的人瀕臨死亡。

我看著巴格達的轟炸報導，我知道這也可能發生在亞特蘭大或華盛頓。我看著崩潰的文明：羅馬、希臘、中國、阿茲特克，馬雅。然後我環顧我們的主張和我們的信仰——我們是永恆不變的——這些事提醒我：讓我們能夠年復一年堅持下來，直到我們的子子孫孫能夠擁有這種自由、這種安全、這種健康，以及這份富裕的，正是領袖的素質、一個民族的勇氣，以及解決問題的能力。

我從繼父身上學習到這個信仰，他是職業軍人，在二次世界大戰、韓戰及越戰中為美國效力。當我還是個孩子時，我們住在法國——仍然困於二次世界大戰的轟炸損壞之苦的法國；仍然有一次世界大戰的截肢者、在地鐵中仍有為一次和二次世界大戰的傷者預備特別座位的法國；在阿爾及利亞作戰的法國；通貨膨脹率達百分之百的法國。

我們前往凡爾登的戰場，那是一次世界大戰最偉大的戰役。我們住在父親一位朋友的家，他被徵召，送到菲律賓，歷經了巴丹死亡行軍，並在日本戰俘營中待了三年半。

突然間，身為一個年輕男子，我知道這一切都是真實的：我們的文明、我們的富裕、我們的自由，以及這一切事物之間的差別就是我們領袖的素質，我們民族的勇氣，面對事實的意願，以及尋求解決之道的意願——能源的解決之道、環境的解決之道、經濟的解決之道、教育的解決之道，以及國家安全的解決之道。我們有真實的挑戰；我們有一個美好的國家。我們必須保護她，而要保護她，我們必須學習這些教訓。

這就是我的信念。

紐特・金理奇（Newt Gingrich）前喬治亞州議員是一九九五至一九九九年間的美國眾議院發言人。他在一九九四年提出的議題，「美利堅契約」，協助共和黨取得四十年來的首度議會多數。在錄製文章時，金理奇捨棄預先寫就的內容，即席說出這篇內容。

神的運動員

瑪莎・葛蘭姆

——我相信我們透過練習來學習。無論是指透過練習跳舞來學習跳舞，還是透過練習生活來學習生活，原則都是一樣的。

一九五〇年系列精彩選輯

我相信我們透過練習來學習。無論是指透過練習跳舞來學習跳舞，還是透過練習生活來學習生活，原則都是一樣的。在每一種練習中，能夠產生成就的樣貌、個人的存在感、靈魂的滿足，正是那專注而精確的動作表現——無論是在生理上或智識上。

練習意指在面對一切障礙之時，一再地完成一些代表願景、信心、渴望的行動。練習是獲得期待之完美結果的方法。

我認為舞蹈之所以對世界具備歷久不衰的魅力，在於它是生活表演的象徵。我經常聽到這句話：「生命之舞」。由於一個非常簡單而且可以理解的原因，我對這句話心有戚戚焉。舞蹈所賴以發聲的工具也是生命賴以繼續的工具：人類的身體。經驗的所有要素正是透過工具將之顯明出來；工具的記憶中藏有所有生死與愛的本質。

舞蹈看起來魅力十足，簡單，令人愉悅。但是通往這個成就樂園的道路並不比其他道路容易。有令身體在睡夢中仍然發出哭泣的疲勞。有時候是徹底的挫敗；有每天的小型死亡。這時候我需要過去的練習儲存在我記憶中的所有安慰，以及信心的頑強；但這必須是亞伯拉罕擁有的那種信心，他在信心當中「仰望神的應許，沒有因不信，心裡起疑惑。」

大約要花十年的工夫，才能造就一個成熟的舞者。訓練分為兩方面：一方面是學習和練習這項技藝，以強化身體的肌肉結構。身體獲得塑造、訓練、尊崇，最後獲得信任。動作變得精煉、準確、表情豐富、真實。動作絕不會說謊。它是說明靈魂的天氣狀態的氣壓計，所有人都看得見。這或許可稱之為舞者的生命定律——主宰舞者外在層面的定律。

再來就是生命的培養。就是透過這個步驟，心靈之旅的傳奇被重述，它們的興高采烈與悲劇，生命的苦痛與甜美，無一遺漏。就是在這個時候，生命的衝擊融合表演者的純粹魅力，當個體（完全的個體）變得較為龐大時，個人的性質就減少了。而且其中自有優雅。我是指來自信心的優雅：對生命、對愛、對人、對舞蹈表演的信心。對於生命中任何具有魅力、動人、意義豐富的表演而言，這些都是必要的。

在舞者的心中，對於纖細的美麗骨骼所帶來的奇蹟，以及骨骼的高雅力量等等被遺忘的事物，向來抱著尊重之意。在思想家的心中，對於靈敏、有條不紊、清晰的思想之美亦懷有敬意。在我們這些演出者的心中，都意識到同屬於賣藝者的裝備（或恩賜）的那朵微笑。我們都會偶爾行走在環境的高空鋼索上。我們都承認地球的重力拉扯。微笑之所以存在，是因為他正在練習生活在危險的那一刻。他並不選擇墜落。

瑪莎・葛蘭姆（Martha Graham）擔任舞者和編舞者七十年之久，創作了一百八十一齣芭蕾舞。她是現代舞的創始者之一，因與其他著名藝術家的合作而聞名，包括作曲家亞倫・柯普蘭在內。葛蘭姆的公司訓練出不少偉大的舞者，例如亞文・艾利和泰拉・沙普。

科學滋養思想與心靈

——我相信我們應該為年輕人提供一個能夠領會科學精彩之處的教育。

布萊恩．葛林

在我大約十一歲時的某一天，我們班去參觀海頓天文館之後，步行返回曼哈頓的第八十七公立學校。我因為一種前所未有的感覺而不知所措。我陷入一種空虛、恐懼的感覺，覺得我的生命可能毫無價值。我知道我們的世界是一顆由岩石構成的行星，繞著銀河系裡一兆顆星球的其中一顆運行，而我們的銀河系只不過是遍布在宇宙中數十億個銀河中的一個。科學讓我感受到自己的渺小。

從那時候開始，我對科學以及它在社會和世界中所能扮演的角色的看法發生了巨大的改變。

雖然我們渺小，但是沉浸於科學中的數十年光陰令我深信，科學正是我們慶賀的原因。從我們在宇宙中所處的寂寞角落，我們運用智慧和決心，觸及內太空和外太空的極限。我們已經發現物理的基本定律——主宰星辰照耀和光線旅行的定律，導引時間流逝和空間擴張的定律，使我們得窺宇宙伊始那短暫片刻的定律。

這些科學成就都不能告訴我們，為何人類會存在，或是告訴我們生命的意義——科學也許永遠無法解決這些問題。但是正如我們在知道棒球比賽規則時，打棒球的經驗會更加豐富一樣，我們越明白宇宙的規則——物理的定律——就越能深刻地珍惜我們在這個宇宙中的生命。

我如此相信，因為我親眼目睹。

當我對孩子們講述黑洞和大爆炸時，我看到他們的眼睛亮了起來。我親眼目睹一個年輕學生完成最簡單的數學運算時獲得的自尊和信心。我曾經和一些高中輟學生談過話，他們偶然看到描述科學的驚人成就的書籍，便滿懷目標和熱誠回校恢復求學。我收到駐紮於伊拉克的年輕士兵寄來的信，告訴我當他們讀到關於相對論和量子物理的大眾化解說時，他們獲得了希望，相信有一個更龐大、更具宇宙性的事物，把我們聯繫在一起。這就是科學的能力，不只是解釋，更能激勵。

這就是為什麼當我遇到以勉強、不悅的態度去接觸科學和數學的學生時，會令我感到沮喪的原因。我知道這並不是必然的結果。但是當科學變成一群必須背誦的論據，當數學被教導成為一連串抽象的計算，而沒有揭露它解開宇宙奧祕的力量時，它們確實可能看來毫無意義且乏味。

更令我感到困惑的是，我遇到過一些學生，他們被告知說他們沒有能力理解數學和科學。

這些都是失落的機會。

我相信我們應該為年輕人提供一個能夠領會科學精彩之處的教育。這是我們對他們的虧欠。

我相信從困惑到明白的過程是一個寶貴、甚至令人感動的經驗，可以成為自信的基礎。我相信透過科學對真理的理性認識，以及對於個人信仰的無視，它可以跨越宗教和政治的分界，從而結合我們成為一個更偉大、更活潑的整體。

我相信發現的奇妙可以像布拉姆斯的第三交響曲一樣提升心靈。

我相信科學令人讚嘆的理念不但可以滋養思想，也可以滋養心靈。

布萊恩．葛林（Brian Greene）是紐約人，在哥倫比亞大學教授物理和數學。他是絃理論的支持者——該理論試圖將所有自然力結合至單一的架構中。他的著作包括《宇宙的結構》和《優雅的宇宙》。

快樂的談話

奧斯卡・漢默斯坦二世

——我相信自己很快樂。之所以不尋常，是因為快樂的人很少會這麼告訴別人。

一九五〇年系列精彩選輯

我要做一個不尋常的宣言：我相信自己很快樂。之所以不尋常，是因為快樂的人很少會這麼告訴別人。不快樂的人比較健談，他們急於詳述世界出了什麼差錯，而且他們似乎有聚集大批聽眾的才能。「絕望」的發言人如此多，而「希望」的發言人卻甚為罕見，可謂現代的悲劇。

因此我相信，一個人宣告自己很快樂，是非常重要的，即使這樣的宣告和悲觀的對手比較起來，較不具戲劇性，也比較無趣。我為什麼相信我是快樂的？死亡已經奪走許多我愛的人。慘敗與我最認真的努力如影隨形。人們令我失望。我令他們失望。我令自己失望。

比這個更嚴重的是，我知道我生活在國際性歇斯底里症的烏雲之下。這片烏雲可能脹裂，原子彈雨可能摧毀數百萬個生命，包括我在內。基於這一切證據，我難道無法建立一個強大的論據，證明我為何一點也不快樂？當然可以，但那會是一幅錯誤的畫面，就像我只描述一棵樹在冬季時的樣子一樣地錯誤。我得排除一份我所愛、還沒有去世的人的名單。我得否定從我的多次失敗中萌芽的諸多成功。我得忽視良好健康的祝福，行走在陽光中的喜樂。我還得摒棄我的信念：相信人性的良善終將勝過導致戰爭的邪惡。

這一切都是我的世界的一部分，和令這些事披上陰影的黑暗憂慮一樣重要。善與惡的衝突糾纏至深，你無法將美德、美麗、成功和笑聲孤立起來，使它們完全不接觸邪惡、醜陋、失敗和哭泣。致力追求這種隔絕的喜樂的人只是在魯莽行事，他將在孤獨的幽暗中結束一生。

如果無法接受這個世界的不完美，我不相信有誰能夠享受這個世界的生活。一個人必須知道並承認自己是不完美的，其他所有的凡人都是不完美的，容許這些不完美摧毀自己的一切希望和活下去的渴望是很幼稚的行為。大自然比人類更加古老，而她仍然一點也不完美。夏天不會固定在六月廿一日立刻到來。小蟲、甲蟲和其他昆蟲的行為經常脫離她顯而易見的意圖，喫掉她用來裝飾鄉間的葉子。當土地持續乾旱過久時，她就賜下紓旱的雨水。但是雨水經常傾盆而下，極為猛烈，以至於造成的傷害遠大於好處。但是長久以來，自然繼續以她不完美的方式運行，而結果——儘管有許多錯誤——則是一個持續不斷的奇蹟。如果有誰想要表現得更好——不願意繼續用屬於自己的不完美方式活著，犯屬於自己的錯，在生命嚴苛而狂野、刺激而美麗的風暴中一路疾馳到離世的那一日，卻想要做得更好，那實在是一件愚昧的事。

奧斯卡・漢默斯坦二世（Oscar Hammerstein II）為許多喜歌劇和音樂喜劇撰寫腳本和歌詞。他和作曲家傑若米・肯恩合作完成《畫舫璇宮》。然後他和理查・羅傑斯合作，完成其作品中多部最偉大的音樂劇，包括《奧克拉荷馬！》、《南太平洋》、《國王與我》，以及《音樂之聲》。

與太陽對話

——我相信人類是脆弱的，必須仰賴地球和太陽的仁慈；我們共存於一個神聖的意義中。

喬伊・哈卓

我相信太陽。在恐懼、貪婪及健忘等等人性失敗的混亂當中，太陽賜我清明之心。當探險者第一次遇到我的族人時，他們稱我們為異教徒，太陽的崇拜者。他們不明白，太陽是我們的親人，照亮我們在這世上的道路。

我有許多族人繼續舉行確保我們與太陽保持連結的儀式。我們圍起圓圈，終夜舞蹈，然後我們明白：我們與在頭上和我們共舞的星辰及星球同屬於一個更偉大的意義。儀式到達最高潮，太陽升起，我們便獲得更新。這種連結是不會誤解的，雖然沃爾瑪（譯註：**全球最大零售連鎖店**）可能就在路的盡頭。人類是脆弱的，必須仰賴地球和太陽的仁慈；我們共存於一個神聖的意義中。幾週以前，我到一個村落去拜訪幾位朋友，參加慶典。跑者清晨即起，完成跑步的儀式，這個儀式是為了保證太陽會繼續回來照耀地球。這是一個謙卑而且必要的尊重行為。而且由於儀式繼續舉行，因此太陽、地球，以及這些人類，都仍然共處於和諧的關係之中。

我們的地球正在改變，所有人都可以看得出來。我從北方的因紐特和尤比克親人那裡聽說一切都變了。天氣很熱；冬天不夠長。動物迷惑了。冰在融化。

量子物理學家做得好；他們開始用印地安人的方式去思考：宇宙萬物都動態地緊密連結在一起。當你記得這一點，那麼世界現在的動盪就有跡可循了。若是沒有補充、不能互惠，還有多少石油可供消耗？

最近有一天，我在清晨時分走出時代廣場的飯店房間，想要尋找太陽。那是我的第四個孫女出生後的第四個早晨。就在這個早晨，我要把她獻給太陽，她是我們的親人，是我們的一份子。當我穿越時代廣場時，天空仍然黑暗，多雲。我站在一座代表一家跨國企業、由閃光燈和霓虹燈構成的二十一世紀圖騰柱下。

太陽升起，高掛在城市之上，但是我在雨中看不到它。雖然我不在家，但是我用心中的搖籃帶著這個新生的女孩，讓她穿上溫暖的衣服，帶她到戶外來。我將她高舉，獻給太陽，讓太陽認識她，知道她是親人，好讓她不會忘記這個關係、這個承諾，好讓我們都記得生命的神聖。

喬伊・哈卓（Joy Harjo）著有八本詩集，並且製作三張音樂和詩作的CD。她是奧克拉荷馬州的土撒族原住民，是馬斯可吉—克里克印地安部落組織的一員。當她沒有在新墨西哥州大學教導創意寫作，或是旅行及表演時，她住在夏威夷。

小教堂裡的晨禱 海倫·海絲

——我相信我必須幫助自己，但是我並不是一個完全獨立的個體，能夠離群索居。

一九五〇年代系列精華選輯

多年以前，我曾經歷一場「狗狗大戰」。當時我推著嬰兒車，我的寵物西班牙獵犬跟在身邊快步行走。在毫無預警的情況下，三隻狗——一隻阿富汗犬，一隻聖伯納，還有一隻大麥町——突然撲向我的獵犬，開始兇猛地攻擊牠。我大聲呼救。兩個男人駕著一輛車停了下來，看了一看，就開車走了。

我看到這種情形，非常憤怒，於是我插手，自己阻止這場打鬥。此時我的戲劇訓練給我莫大的幫助；我的喊叫聲非常具有權威，手勢極具威嚇性，我像個馴獸師一樣地控制當時的狀況，那些狗終於溜走了。

回顧當時的情形，我想我採取行動的原因主要不是出於憤怒，而是因為我明白我必須靠自己，如果說當時有誰會來幫助我的話，那個人就是我自己。

生命彷彿一連串必須面對的危機。但是在鼓起勇氣去面對它們的過程中，我曾經愚弄自己，過度誇大我自己的重要性。我覺得自己非常獨立，幾乎不曾感受到其他人的存在。我努力工作，而且「成功」。在戲院裡，我是在服務的傳統觀念中成長的。觀眾付錢，你則應該拿出最好的表現——包括在臺上和臺下。因此我在委員會裡服務，發表演說，並且支持各種運動。但是不知何故，我忽略了事物的意義。

當我的女兒死於小兒痲痺症時，每個人都伸出援手來幫助我，但是一開始我似乎無法忍受任何幫助，甚至連朋友的愛也不例外；似乎任何支持的力量都不夠強大。

當瑪麗生病時，我習於早起，到醫院附近的一間小教會去禱告。從事勞動工作的人會安靜地到那裡去敬拜。我一直輕忽我的信仰，把上帝排除在我的生命之外，因此當時我沒有膽量去祈求祂醫治我的女兒——我只求祂幫助我明白，讓我親近去觸摸祂，而且我一直在尋求啟示，但是沒有任何改變。

然後，過了很久以後，我發現改變早已發生，就在那間教會裡。我可以生動地回想起在那裡見到的人，一個又一個——面帶倦容的嚴肅工人，手上骨節嶙峋的老婦人。生命對他們多有打擊，但是有那麼一段短暫的時刻，他們在一種使人變得尊貴的經驗中得到更新。當他們禱告時，憔悴的臉龐彷彿亮了起來，神在他們身上彰顯出來。這就是給我的啟示。突然間我明白我是他們之中的一員。在我有需要的時候，我因為知道他們也有需要而得到力量，而且我覺得和他們有著相互倚賴的關係。我在學習「愛你的鄰人」的意義……

像這樣古老而簡單的真理開始在我眼前亮起，就像那間小教會中男男女女的臉龐一樣。現在當我讀聖經時，我把耶穌、大衛、保羅等人的教導視為我所信任的朋友的有益勸告，告訴我如何生活。他們明白生命充滿了複雜，而且往往滿是沉重的打擊，而他們讓我看見穿越其中最智慧的方法。沒錯，我必須幫助自己，但是我並不是一個完全獨立的個體，能夠離群索居。那就是先前我疏忽的意義：明白我是屬神的人群世界中活生生的一份子。

海倫·海絲（Helen Hayes）被稱為「美國劇場的第一夫人」，是百老匯、電影及電視明星。在六十年的表演生涯中，她獲得三次東尼獎。她的電影作品包括《戰地情天》和《國際機場》，這兩部電影讓她獲得奧斯卡金像獎。

新生的自由

瑪克西米連・赫德

——我相信個人擁有不可剝奪的權利，可以過他選擇的生活。

一九五〇年系列精彩選輯

用幾百個字的篇幅來清楚而誠實地敘述一個人的信仰，對任何一種語言來說都是一件龐大的工作；當一個人經歷過一些非常切身的悲劇時，更是如此。

自從我的青少年思維能夠理解日常生活複雜程度的那一刻開始，我就認為人類是那個偉大的未知力量的化身，要在這個世界完成一項非常特別的使命。我尋找完美，尋找愛和理解。我相信人類。

然後有一天，我從戰前波蘭一個年輕、嶄露頭角的作家兼導演那無憂無慮、快樂生活的世界墜入納粹的世界，後來又被擲入共產黨那充滿仇恨、暴虐、謀殺和毀滅的世界裡。人類已經不是我過去所相信的、有使命等待完成的力量化身，我則成為一家肥皂工廠的原料——五年計畫中的一個工具，或是生化實驗室裡的白老鼠。我失去我的國家和我的家人，我對人類的信心被無情地擊碎。我變得苦毒而憤世嫉俗。

接著是我這一生的第三段時期，或許對我而言，也是這一生最重要的一段時間：在美國的這段日子。從加地亞機場的移民官與我握手並祝我好運的那一刻起，我再度開始看見生命中較為明亮燦爛的那一面。我結交了真正的朋友，在我最需要他們的時候，他們也證明了自己的價值。為洪水災民提供食物和衣服；一群美國大兵認養一個孤兒，並且送他去上學；為火災受害者建造新家的鄰居；公益金（Community Chest）、癌症基金會、救世軍、戒酒無名會，還有無數其他類似的行動或機構，無論是團體還是個人，都是出於自願，這些人對我造成難忘的影響。我因此得以重新開始過幸福的生活。我再度相信人類。

現在我不但記得人們從教會裡被槍驅逐出來的那些日子，也記得那些用最寶貴的財產去交換糧食、卻保留聖幣的俄國窮人。現在我不只是想到那施行殺戮的人，也想到我們前往西伯利亞途中遇到的那些仁慈的俄國農夫，儘管衛兵驅趕他們，他們仍然試圖和我們分享醃牛肉和麵包，而那很可能是他們的最後一塊麵包。我也想到那些在勞動營裡飽受攻擊的可憐人，經過多年難以忍受的剝削之後，他們仍然保有足夠的人性，偶爾仍能唱歌，甚至開玩笑。

現在我再度相信：良善多於邪惡；更相信那些創造或是想要創造的人，而不是那些摧毀的人；更相信付出愛的人，而不是仇恨的人。我堅定地相信個人擁有不可剝奪的權利，可以過他選擇的生活；他有權利工作或休息，微笑或哭泣，成功或失敗，禱告或遊玩。偉大的波蘭詩人亞當・米奇威茲說：「惟有與他人分享，生命的美酒方顯甜美。」

因此我也相信我有責任要盡我所能地為當前的奮鬥貢獻一己之力，將希望帶給那些仍然受壓制的人，使他們能夠像一位偉大的美國人所說的：「他們也能在上帝的保守下，擁有新生的自由。」

導演**瑪克西米連・赫德**（Maximilian Hodder）在東歐從事電影業。二次世界大戰期間於波蘭陸軍服役時被蘇聯俘虜，但是順利逃脫，並加入英國皇家空軍。赫德於一九四九年抵達美國，在好萊塢工作。

不安定與崎嶇經歷的益處

凱．瑞德福．傑米森

——我相信所有人的心靈和思想蒙受同等的祝福。

我相信好奇心、心感驚訝，以及熱情，是具有想像力的思想和偉大教師的決定性特質；我相信不安定和不滿足是不可或缺的；我相信強烈的經驗和受苦給予我們的教訓，是較舒緩的經驗永遠無法提供的。簡而言之，我相信所有人的心靈和思想蒙受同等的祝福，而那些擁有特別熱情的性格和追根究柢思想的人，則因為他們的存在而使世界呈現不同的風貌。當然，重視智識和紀律是很重要的，但是承認蘊藏於不理性、狂熱，以及龐大精力中的力量也很重要。當然，緊張有其代價——痛苦，匆促和策畫不良的計畫，衝動——但是也有它的好處。

就和數百萬美國人一樣，我有滿懷的強烈情感和善變的情緒。我十八歲就患有躁鬱症，也稱為雙極性異常。這種疾病令患者感到恐懼、混亂，以及情緒的起伏，並不是一種溫和或輕鬆的疾病。但是，透過這個疾病，我才明白一定程度的不安定和不滿足對一個人的生命而言具有何等的重要性；在決定一個人生命的方向和力度之時，崎嶇的經歷和痛苦占有多麼重要的地位。

我經常渴望得到平安和寧靜——觀察其他人的生活，對他們的平靜感到羨慕——但是我不知道自己是否真的想要擁有這種寧靜。畢竟一個人真正熟悉的只有自己的體質以及過日子的方式。最好還是承認這一點，接受它，並且讚賞大自然所賜性情的多樣性。

強烈的性格使我確信不能單單教授書中的內容，也要傳授我在經驗中習得的功課。因此我試著讓年輕醫生以及研究生牢記：若是輔以自制和冷靜的思考，熱情激昂並不是什麼壞事。除非一個人想過著乏味透頂的生活，否則應該接納自己較陰暗的一面和陰暗的精力。最重要的是，一個人應該從混亂和痛苦中學習教訓，和不快樂的人分享快樂，並且在熱情有助於促進大眾福祉之時加以鼓勵。

知識很好，但是智慧更好。

凱・瑞德福・傑米森（Kay Redfield Jamison）是約翰霍普金斯醫學院的精神醫學教授。她有多本著作，包括《躁鬱之心》和《熱情洋溢》。她於二〇〇一年獲得極富盛名的麥克阿瑟學者頭銜。

沒有神

潘恩・吉列特

——我相信沒有神，讓我有更多空間去相信家庭、人群、愛、真理、美麗、性，以及其他一切我能夠證明的事物。

我相信沒有神。我超越於無神論之上。無神論是不相信神。不相信神很容易，因為你無法證明反面論證，所以無計可施。你無法證明我的車廂裡沒有一頭大象。你確定？現在就證明看看。也許以前他只是躲了起來。再檢查一次。我有沒有說過，我個人對於「大象」的定義包括神祕、秩序、善良、愛，以及一個備胎？

所以，如果有人喜愛除了自己以外的真相，都必須以不相信神為起點，然後尋找神的證據。她必須尋找一些能夠證明有一個超自然力量存在的客觀證據。所有和我來往電子郵件的人往往仍然卡在這個尋找的階段。無神論的部分很簡單。

但是，「我相信」這個題目似乎需要一些更加私人性的想法，某種信心的跳躍，好幫助一個人看到生命的大銀幕，體會一些遵循的規則。所以我說：「我如此相信——我相信沒有神。」

既跨出這一步，這個信念即充滿我生活的每一刻。我並不貪婪。我有愛，藍天，彩虹，以及來自朋友的賀卡，這就夠了。這些事物一定是足夠的，但它們已經相當於世上所有的一切，而對我來說，世上所有的一切是很豐富的。向不可見的對象祈求更多東西，根本就是無禮。我不需要天堂，因為單是撫養我長大的家人，以及我現在撫養的家人所給予的愛就已經足夠。我贏得鉅額的基因樂透獎，每天都快樂無比。

相信沒有神，意指只有藉著他人的仁慈和不完美的記憶，我才能獲得真正的赦免。那很好；如此一來，我就願意更為他人細心設想。我必須努力從一開始就善待他人。

相信沒有神，使我不致唯我獨尊。我可以接納來自所有不同文化的不同人的想法。沒有神，我們可以就事實達成一致的意見，我可以繼續在我犯錯的地方學習。我們都可以不斷地調整，使我們能夠真正地溝通。我不會在別人說：「我有信仰，我衷心這樣相信，無論你怎麼說或怎麼做都不能動搖我的信仰」的事情上轉圈子。那只是以冗長的宗教性方式說「閉嘴」，或是另外兩個聯邦通信委員會更不喜歡的字眼。但是，所有的猥褻言語的侮辱程度都比不上「對我而言，我的成長過程和我想像中的朋友比你所說或所做的任何事都來得重要」。因此，相信沒有神，讓我可以被證明我是錯的，而且這樣總是饒有趣味。這表示我學到某些東西。

相信沒有神，意指我的家庭經歷的一切痛苦（事實上是世界上所有的痛苦），並不是一個全知、全能、全在，但卻根本不想幫助我們或只是在試驗我們的力量造成的，而是將來可以用於幫助他人的資產。沒有神意味著將來我們有機會承受較少的痛苦。

相信沒有神，讓我有更多空間去相信家庭、人群、愛、真理、美麗、性，以及其他一切我能夠證明的事物，因此使得這一生成為我所擁有的最美好的生活。

潘恩・吉列特（Penn Jillette）是魔術喜劇表演「潘與泰勒」中較高、聲音較大聲的那一位。他是卡托機構的研究員之一，在牛津和麻省理工學院講過課。潘恩與他人合著過三本暢銷由，也是紀錄片《貴族》的執行製作。

醫治的責任

皮厄斯・卡貿

——我相信我接觸的每一位病人都值得我付出同樣的照顧和關懷。

我在殖民非洲的赤貧中長大，美國是我閃亮的希望。馬丁・路德・金的非暴力政治運動使得自由和平等聽起來像是彷彿可以達成的目標。美國的理想充滿我的腦海。我向自己保證，總有一天，我會踏足美國的街道。

但是，當我走進美國的醫院時，真相——以及種族主義——迅速對理想展開攻擊。我的膚色和口音使我與人格格不入。但是在醫院裡，我既不是黑人也不是白人。我是個醫生。我相信我接觸的每一位病人都值得我付出同樣的照顧和關懷。

一九九九年時，有一位十九歲的病人被送進醫院，當時是我值班。他在發生車禍之後咳血不止。他是個白人至上主義者，美國的納粹分子，胸口上有一個納粹十字刺青。

護士告訴我，這個病人不允許我碰他。當我靠近他時，他對我吐口水。在那一刻，我也不想和他有任何瓜葛，但是沒有其他醫生可以接手。我知道我必須盡我所能地照顧他。

我和他講話，但是他拒絕看著我或理會我；他只願意透過白人護士傳話。只有她們可以檢查他的身上是否有受傷，只有她們可以觸摸他有刺青的胸膛。

結果他的傷並不重。我們分開時仍是陌生人。

我仍然好奇：當時我是否能夠再多做些什麼，讓我們的相遇變得不同，或變得更好？我能否用不同的方式去接近他？我能否更努力地去贏取他的信任？

我只能猜測他對我的想法，或是他賴以為生的信念。我想，他的種族主義和我個人沒有什麼關係。而且，我也願意認為他的種族主義和美國沒有什麼關係，因為我相信馬丁·路德·金和其他我在非洲聽過其言論的偉人，以及那些令我相信這個國家的自由平等理想的人。

我的雙手——黑人的雙手——拯救過許多生命。我相信我醫治的責任。我相信所有的病人，所有人類，都是平等的，而我必須試著去照顧每個人，即使是那些寧可死也不願意將我視為與他們平等的人也不例外。

皮厄斯·卡貿（Pius Kamau）在一九七一年抵達美國之前，在他的祖國肯亞，以及西班牙和英國習醫。除了執行胸腔手術和一般手術之外，他也為《丹佛郵報》撰寫一個與非洲主題有關的專欄。卡貿正在組織醫療志工，與他一同前往蘇丹工作。

活得像棵「優美而高雅的樹」

——我相信我的樹和其他所有的生物都以其獨特的生活方式去相信和感受。

露絲・坎普斯

我坐在小陽臺上，一面編織，一面讓我的老腿休息一下，我的靈性姐妹——一棵和我一樣老的松樹——讓我感到十分有趣。她非常高，可能有四十呎左右，而且年紀至少和我一樣大。她有一點瘦削；我也是。在她的懷抱中有許多鳥，我愉快地看著牠們。牠們在樹上相愛和打架，還有築巢。聖誕節期間，會有成雙成對的美洲紅雀裝飾她的枝幹。

她仍然翠綠，遮蓋了許多舊的棕色樹枝，就像我的灰色頭髮蓋住了黑色頭髮一樣。我們都浸潤在陽光和空氣中，並且盡我們所能地在各自的世界裡輕鬆過活。有一天，在不太遙遠的未來，她會倒下，滋養土地，我也會。這是一個令人感到安慰的想法。我們有兒女和孫兒女，使我們的生命生生不息。在那棵樹和我的裡面存有些許的神性。是的，這很接近我的信仰。

將近四十年前，我和丈夫約翰從市郊遷居到鄉村，也離開當地的一間傳統教會。我們的地產在威斯康辛州的凱透莫倫。那片土地面對一條在日落之時渲染成紅色的小溪，有一片陡降的斜坡。我們搬家之後，我的父母來訪，父親說我在這裡不會快樂；我是個城市小孩。一開始，他說得沒錯。我太忙，太窮，而且非常寂寞。

當我母親去世時，我正好懷孕，非常需要她。我到教堂去尋求寧靜，也想在那裡哭泣。教堂上鎖了，神父正站在外面。他認識我，但是沒有打開教會的門。我不知道他為什麼這麼做，但是這件事宣告了我的傳統信仰之死。我們家在一年之內有九位親人去世。我學會看著紅色的落日，至少可以在短暫的時間裡獲得平靜，受到撫慰，並且心存感激。我開始喜歡挖掘沙土，而不是壓碎每一棵野草。在森林裡砍除邪惡的鼠李變成一種屬靈的經驗。我開始在森林裡度過週日清晨。我是失去了長久以來所持守的信仰，還是根本改變了信仰？

我在旅行時找到一個答案。我和一位旅行同伴一起站在長江的一艘船上，他問我是不是教徒。我說我不是，但我是屬靈的人。他要我解釋。我談到我的姐妹樹。羅馬的一位計程車司機說，一個人必須住在一個地方夠久，才能欣賞它的美。四十年夠嗎？我經常前往芝加哥去探視兒孫，這讓我精力充沛。現在仍然如此，但是我想念森林。

我已經失去大部分傳統的天堂與地獄的信仰，我發現善良的人們使用這些想法來逃避一些困難。在樹的身上，以及住在樹上的生物裡，都存在一些神性。一隻小鶇鶲攻擊一隻離牠的窩巢過近的大紅腹啄木鳥。我心中充滿讚嘆。轉變已經完成。

有人認為我的生命比樹木更重要，但是我不相信他們。他們認為在永恆裡有我的一席之地，但是我不相信他們。我相信我的樹和其他所有的生物都以其獨特的生活方式去相信和感受。我要繼續盡我所能地做一個善良的人類，就像我的樹盡她的本分，表現樹的優雅和魅力一樣。

露絲·坎普斯（Ruth Kamps）是威士康辛州一位退休的小學老師。一九六七年時，她搬進丈夫兒時的家。除了從陽臺或廚房窗戶向外欣賞她的松樹之外，坎普斯也是一位編織和閱讀的愛好者。

更燦爛之日的光輝

海倫・凱勒

——我信任我的同胞，他們善良的天性令我感到驚奇。

一九五〇年系列精彩選輯

我選擇我的主題，也就是融合在生活中，但是與信條或教義無關的信仰。我所謂的信仰，是指一個人所珍視的善良願景，以及促使一個人無視障礙、尋求其願景實現的熱忱。信心是一種活潑的力量，它打破常規的鎖鍊，並且為老舊的平凡事物帶來新穎而美好的轉變。信仰能夠重新振作意志，豐富愛情，並喚醒創造力。活潑的信心不知恐懼為何物，而且它是我的保護，對抗譏諷和絕望。

畢竟，信仰不能用幾件事來完整描述。它是各種激勵我的信念的總和，不可分割：我相信神是無限的善良和全知的智慧，祂的永恆臂膀支持我行走在生命的海洋上。我信任我的同胞，他們善良的天性令我感到驚奇，並且相信經過悲傷和沮喪的黑夜之後，他們會在清晨的榮耀中剛強而美麗地站立起來。我對世上的美麗與寶貴心懷敬意，也領會自己有責任要盡己所能地使世界成為所有人健康而富裕的居所。我相信永遠的生命，因為當我與所愛之人分離時，這樣的信念可以減輕我的痛苦；也因為將來它能使我脫離不自然的限制，使我展現更多歡樂活動方面的才能。

縱使我的生命火焰會被吹熄，我仍相信在面對命運之時，我應該以勇敢的尊嚴行事，努力成為美麗、善良，以及真誠者的可敬伴侶。但是命運必須臣服於戰勝命運之人的信仰之下，而且對於那些雖然理想破滅，卻仍活出偉大生命的人而言，限制的作用極為有限。

當我知道無數的同胞必須一生勞苦方能獲得溫飽，背負最沉重的重擔，並且不知生命的喜樂便離開人世，這對我的信心是一個沉重的打擊。我的安全感永遠消失了，而且我再也無法尋回年輕歲月時的光輝信仰，以為世界是一個快樂的家，也是大部分人類的家。但是信仰是一種意志狀態，相信的人不會輕易灰心。如果避難的小屋拒絕他，他會建造一棟世上各種強風都不能摧毀的房屋。

當我想到苦痛和飢荒，以及人類持續不斷的殺戮時，我的靈魂在滴血。但是我想到，正如我曾經是一個又聾又啞又盲的小孩一樣，人類正在無知和仇恨的黑暗當中成長，終將進入更明亮的光明之中。

海倫·凱勒（Helen Keller）因兒時的高燒導致又聾又盲，但是在老師安·蘇利文的指導下，她學會透過其他人的眼睛和耳朵進行溝通。在從雷德克里夫學院畢業之後，凱勒成為著名的作家、行動主義者，以及演說家。

自由的明亮之光

——我相信首爾的光明未來和北韓的黑暗未來之間，唯一的差異就是統治兩地的政府。

哈洛德・洪朱・郭

我相信自由是有感染力的。

我的父母出生在南韓，五十多年前為了教育和自由來到美國。他們在日本的殖民統治下成長，不能說韓語，甚至不能使用韓文的名字。韓國在二次世界大戰之後分裂，我的母親和家人被困在北韓。他們在絕望中步行數日，到達邊境，然後被送到漢城（首爾）。但是就算在那裡，他們也生活在獨裁政權下。在一九六〇年代間，韓國享受民主滋味的時間不到一年半，我的父親也加入民主政黨。但是有一天，坦克的鐵輪滾動，政變推翻了政府，於是我們前往美國。

我父親熱愛自由，就像熱愛新鮮空氣一樣。他喜歡跟隨他熱情支持的對象：約翰・甘迺迪、佛雷・亞斯坦、泰德・威廉斯。他喜愛這種自由。開車在路上時，他會轉身告訴我們：「這是一個偉大得不得了的國家。在這裡，我們可以隨心所欲。」

尼克森總統辭職的那個夏天，我正在首爾訪問。由於有人試圖暗殺韓國總統，因此他宣布戒嚴。我打電話給父親，對於韓國從來不曾和平轉移政權一事表示訝異。在此同時，世界上最強大的政府剛剛改朝換代，卻沒有任何人動武。他說：「現在你看到差別在哪裡了：在民主政權裡，如果你是總統，那麼軍隊就順從你。在獨裁政權下，如果軍隊順從你，你就是總統。」

因此我學習法律，成為法律系教授和系主任，最後成為國務院的人權官員。我去過許多國家。我所到的每一個地方——海地、印尼、中國、塞拉利昂、科索沃——我在許多人的眼中看到渴望自由的火焰，就和我最初在我父親眼中看到的一樣。曾經有一位亞洲的獨裁者告訴我們，不要再把西方人的價值觀強加在他的人民身上。他說：「我們亞洲人對於人權的感受和美國人不一樣。」我指著自己的臉，告訴他，他錯了。

結束政府的工作之後，我前往北韓。在每個人的眼中——孩子，工人，政府官員——我看到當初在歐威爾的《一九八四》中讀到的那種毫無生命、渙散的眼神。我看到這些人民的渴望被一個無法供應他們最基本需要的政府所粉碎。當我們飛離黑暗的土地時，我低頭看到多年以前我母親跨越邊界的地方。當我們接近首爾時，地面突然亮起數以百萬計的燈光。我明白，首爾的光明未來和北韓的黑暗未來之間，唯一的差異就是統治兩地的政府。

這就是為何我相信自由的明亮之光之故。

哈洛德・洪朱・郭（Harold Hongju Koh）是耶魯法學院的院長，教授人權和國際法。在一九九八至二〇〇一年間，他是負責民主、人權及勞工領域的助理國務卿。郭出生於波士頓，是紅襪隊的終身球迷。

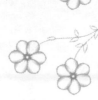

神祕的力量

艾倫・萊特曼

——我相信未知之事的創造力量。我相信站在已知和未知之間的狂喜。

我相信未知事物的力量。我相信對於未知事物的感受在所有的創意活動中驅使我們，從科學到藝術，無所不在。當我還是個孩子時，我經常在就寢時間後穿著睡衣下床，走到窗前，凝望星星。我有很多問題。那些小光點距離我們有多遠？太空是永無止境地向外延伸，還是有盡頭，有著巨大的邊界？若是如此，邊界再過去是什麼？

兒時的我還有另外一個問題：時間是否永遠不斷地運行？我看著父母和祖父母的照片，試著想像他們的父母，父母的父母，回想數代之遙，回到過去再過去的時間。從我臥室的窗戶向外張望廣大的太空，時間似乎向前後伸展，沒有盡頭，吞沒了我，吞沒我的父母和祖父母，吞沒地球的整個歷史。時間會永遠進行下去嗎？或是時間有開端？若是如此，那時間開始之前又是什麼？當我長大後，我成為專業的天體物理學家。雖然我從來不曾解答過這些問題，它們卻繼續挑戰我，縈繞在我的腦海中，驅使我從事我的科學研究。有一次我沉迷於一個科學問題，這些問題促使我單以鮪魚裹腹且數日未眠。這些問題，以及類似的問題，仍然挑戰今日的頂尖科學家，使他們念念不忘。

愛因斯坦曾經寫下這段話：「我們擁有的最美好經驗就是神祕。它是孕育真正藝術和科學的最根本情感。」愛因斯坦所謂的「神祕」是什麼意思？我不認為他的意思是指科學充滿了無法預測或無法明白或超自然的力量。我認為他指的是一種敬畏的認知，知道有比我們更偉大的事物存在，我們現在並未擁有一切答案。認知到我們可以站在已知和未知之間的邊界上，凝望深處並感到興高采烈，而不是驚懼。

當然，當科學家發現問題的答案時，是很快樂的。但是當科學家停滯不前，當他們發現自己無法解答的有趣問題時，也一樣快樂。因為就是在這樣的時候，他們的想像力和創造力蓬勃而起。最偉大的進步就發生在這時候。

物理學追求的終極目標之一，就是發現所謂的「萬物定律」，也就是能夠涵蓋所有自然基本定律的理論。有些人希望我們永遠無法發現最終的理論，我就是其中之一。我希望永遠都有我們不知道的事物——關於物理的世界，還有我們自己。我相信未知之事的創造力量。我相信站在已知和未知之間的狂喜。我相信兒時未得解答的問題。

艾倫・萊特曼（Alan Lightman）是一位天體物理學家和小說家，任教於麻省理工學院。他是《愛因斯坦的夢》和《神祕感：科學與人心》的作者。萊特曼和妻子珍成立哈普斯威爾基金會協助柬埔寨的弱勢學生接受教育。

時間沃土滋育生命

湯瑪斯・曼

——我相信從虛無中創造出這個宇宙，以及從無生命狀態中創造出生命，其最終的目的都是為了創造人類。

一九五〇年系列精彩選輯

我所相信的，我最為珍視的，就是無常。

但是，無常——生命的短暫——豈非極為傷感的事？不！無常正是存在的精神所在。它將價值、尊嚴、權利賜給生命。無常創造了時間——而「時間就是一切」。至少就潛力而言，時間是至高無上、最有用處的禮物。一切創造性和活潑的事物，一切朝著更高目標前進的發展，都和時間有關——是的，與它們完全相符。

若是沒有無常，沒有開始或結束，出生或死亡，也就沒有時間。那麼，永恆——時間從來不結束，不開始——是一種停滯不前的虛無。它絕對是索然無味的。

生命具有驚人的頑強。即便如此，它的存在仍然是有條件的，而且由於生命有開始，因此也會有結束。我相信，單單因為這個原因，生命的價值和魅力大幅提升。

使人類與其他所有自然形態有所差別的最重要特色之一，就是人類知道何為無常、知道開始和結束，並因此而能認知時間的恩賜。可以這麼說：無常的生命在人類身上創造活力與心靈力量的高峰。這並不表示只有人類才有心靈。心靈普遍存在於各種生物之中，但是人類的心靈最具洞察力，原因就在於他明白「存在」和「無常」之間的可互換性。

對人類而言，時間就像一塊土地，他們領受這塊土地並忠心地耕種；他們可以在這個空間裡不斷地努力，追求自我認識，不斷地進步及提升。是的，在時間的協助之下，人類能從必死的生命中獲得不朽。

在內心深處，我相信——而且我認為這種信念是所有人類心靈的天性——在宇宙中，我們所在的這個地球具有至高無上的重要性。在內心深處，我相信從虛無中創造出這個宇宙，以及從無生命狀態中創造出生命，其最終的目的都是為了創造人類。我相信人類被造的目的是要作為一個偉大的實驗，而人類罪惡所導致的失敗將成為創造本身的最大失敗。

無論這種信仰是否為真，人類最好假設它是真的，以此作為行為的準則。

湯瑪斯．曼（Thomas Mann），諾貝爾獎得主，因其在二十世紀前半對於歐洲和德國精神的檢視及批評而聞名。他的主要著作包括《魂斷威尼斯》、《魔山》，以及《浮士德》，皆因對藝術家心理的洞見而著稱。

我的餐廳為何不營業

喬治・馬迪坎

——我相信真正的謙卑是現代人的一項基本需要。

一九五〇年系列精彩選輯

每個聖誕夜，我的餐廳都不對外營業。我和妻子搖身一變成為我們員工的雇員，為他們服務。我們盡可能為他們供應上好的聖誕大餐。這種角色的交換具有象徵性的意義；這是我們引進美國生活中的一個古亞美尼亞習俗。

透過數千種不同的習俗，每個民族團體都將其遺傳中的某些事物帶進美國，成為這個國家生活中不可或缺的一部分。我相信真正的謙卑是現代人的一項基本需要。我為何如此相信？除了耶穌基督的明確教導之外，我自己的經驗似乎也是一個活生生的見證，證明它的真實。

我住在祖國亞美尼亞時還是個年輕人，當土耳其和俄羅斯侵略亞美尼亞共和國時，我正在組織童子軍。我被俘，關進監獄。在這個危機時刻，我差一點就餓死。一位較年長、比我有智慧的牢友告訴我：「不要失去希望。」他說得對，因為近東解放軍的一些亞美尼亞籍的朋友協助我逃出來。他們欺騙俘虜我的人，說我是美國人。我還沒有成為美國人，就已經變成一個美國人。

我終於抵達美國。我就在這裡，一個謙卑的移民男孩，橫渡大西洋來到這個似乎能夠回應我的禱告的國家；我所求的就是快樂和自由。我第一眼看到自由女神像時的感受是筆墨難以形容的。即使到了今天，我經常前往歐洲，途中經過自由女神像時，就會有一種近似崇敬的感覺充滿我的心中。

當我在艾利斯島淋浴時，我看到大量的肥皂和水。我毫不客氣地使用，因為對我而言，這就像把舊世界的所有仇恨和偏見沖刷淨盡。當我走出浴室，和一位穿著制服的警衛面對面時，他對著我微笑。對其他人而言，陌生人的微笑似乎是一個短暫而不重要的時刻，但是我清楚地記得這件事，因為它決定了我的新生活的態度。這個微笑或許是一個預言，預告我將尋得的喜樂與友誼。

我剛抵達美國時，只會說一點點英語，而且一貧如洗。但是我有熱忱，工作的意願，以及對未來新生活的光明盼望。我坐上開往舊金山的西行列車。我經過的每個地方，陌生人都願意幫助我，而我感到自己非常卑微。

這片美好的土地一直支持著我。它給予我數以百計、來自各階層的朋友。我相信在這個鼓勵並促進愛和彼此尊重的社會裡，除了為所有人的物質和心靈福祉盡上一己之力以外，我還必須採取更多的行動。我相信，從愛與真正的謙卑中萌發出來的友誼是生命中最重要的事物。

喬治・馬迪坎（George Mardikian）在美國的第一份工作是在舊金山的一間自助餐廳洗盤子；最後他買下那個地方，將它經營成一間著名的餐廳。由於他努力改善在韓國的戰鬥部隊的伙食，因而獲頒自由獎章，這是美國平民的最高榮譽。

沉默英雄的美德

約翰・麥卡因

——我相信獲得真正快樂的途徑，
取決於我們是否忠實地為大於個人利益的目標效命。

我相信榮譽、信仰，以及服務——對個人的國家和全人類。這是我從我的家人、我在越南一同服役的同袍，以及我的美國同胞身上學習到的一課。

就拿威廉・雷夫諾為例吧。他是穿越歐洲的巴頓坦克軍團的一員，但是我認識的他，是我們學校的英文教師和足球教練。他可以讓莎士比亞活靈活現，而且他擁有令人難以置信的領導才能，使得我將他視為偶像。他給我的教導中最重要的就是嚴格遵守我們學校的榮譽校規。如果我們恪守這些正直和榮譽的標準，我們就可以感到自豪。我們可以效命於比自身福祉更偉大的目標。

多年以後，我在最出人意外的環境中看到榮譽的典範。當時我是身在越南、飽受驚嚇的美軍囚犯，被施虐者綁在拷問繩上，單獨留在一個空房間裡，痛苦地度過夜晚。那天晚上，在稍晚的時候，一個我從來不曾與之交談過的衛兵走進房間，默默地解開繩索，減輕我的痛苦。就在天亮之前，他又回到房間裡，在他那些較不人道的同袍回來之前，將繩索綁緊。他從來不曾和我交談。幾個月以後，在聖誕假期的某天早晨，當我獨自站在囚獄的庭院裡時，那位衛兵走向我，站在我身邊一段時間。然後，他用草鞋在地上畫了一個十字架。我們默默地站在那裡約有一兩分鐘，敬拜那個十字架，然後那個衛兵將十字架抹去，走開。

對我而言，那就是信仰：一個結合人心、從不離間的信仰，在人性無法溝通的鴻溝之間架起橋樑的信仰。這個信仰堅信，我們都是平等的，都蒙造物主賞賜不可剝奪的權利，得享生命、自由，以及追求快樂。這是我願意用性命去保衛的信仰。

我決心依憑榮譽和正直行事，促使我從事為國服務的工作。我相信獲得真正快樂的途徑，以及一個人的真正價值，取決於我們是否忠實地為大於個人利益的目標效命。在美國，我們讚揚沉默英雄的美德——履行責任、毫無怨言或期待獲得讚美的謙遜人們；他們仔細聆聽國家的聲音，當國家發出呼聲時，他們就毫無保留地回應，不是為了名聲或報酬，而是為了愛。

我是為國服務的不完美僕人，我的錯誤令我自甘卑微。我嘗試遵循榮譽、信仰和服務的原則而活，因為我希望我的孩子也遵循這些原則。我希望成為他們的好榜樣，這樣當他們的世代取代我們的時候，他們就能做出更好的決定，繼續鋪設通往公義和自由的道路。

約翰・麥卡因（John McCain）是美國海軍上將的後代。在以海軍飛行員身分畢業於安納亞波里斯之後，麥卡因在北越被擊落，度過五年戰俘的生涯。自一九八六年起，他擔任亞歷桑那州的美國參議員，並於二〇〇〇年時參選總統。

閱讀的喜樂與熱情

理克・穆迪

——我相信閱讀擁有絕對和無限的自由。

我相信閱讀擁有絕對和無限的自由。我相信在書堆中遊走，再挑出最先震撼我的內容。我相信用書衣作為選書的原則。我相信閱讀，因為其他人不喜歡讀書，或是認為書帶有危險性。我相信人應該選擇閱讀最難以理解的書。我相信我應該先知道其他人對於這本難懂書籍的看法，然後決定我自己的想法。

這個信念有一部分要歸功於十年級時教我讀莎士比亞的巴克斯頓先生；當時我們在唸《馬克白》。儘管巴克斯頓先生可能有更重要的事情，他仍然答應花一天晚上和我們碰面，逐行解說內文。他做的第一件事就是指出一再重複的主題——舉例來說，事物的顛倒（「美即醜和醜即美」）。再來就是無性別特徵的馬克白夫人，以及該劇中男子氣概與暴力的關係。

巴克斯頓先生沒有告訴我們的是那齣戲的意義。他讓我自己下結論。我在十一年級時遇到的宗教學老師，弗蘭德斯先生，也是如此；他鼓勵我建立自己和福音書的關係，或許在教導我的過程中，他引用拿撒勒人之耶穌的話為原則。「所以我用比喻對他們講，是因他們看也看不見、聽也聽不見，也不明白。」

高中畢業後進入大學，我在大學裡拜讀安伯托．艾可的《讀者的角色》。書中指出，讀者完成了文字作品，作品在遇見求知慾強烈、深深投入其中的讀者之前，都是未完成的。艾可稱之為開放文字。在大學裡，我接觸到一些偉大的歐洲作者和拉丁美洲作者：包格斯和卡夫卡，惹內和貝克特，雅圖，普魯斯特——都是開放文字。我或許不知道為什麼卡夫卡的《變形記》要講述人類變成昆蟲的故事，但是我知道有些人說蟑螂，有些人則說甲蟲。

當然，有一些批評家堅持每本書都有其正確和錯誤的閱讀方式。無疑地，他們是透過自己在書堆中的冒險而獲得這樣的信念。這些也是各種類型的哲學家的重要問題。但是我只知道閱讀的喜樂和熱忱在新書店和二手書店裡教導我的課題。

我相信現在不會有一個權威能夠告訴我如何解讀、如何閱讀，以及如何在各種情況下尋找文學意義之美，將來也不會有。尼采說：「假設真理是個女人——然後呢？」假設真理並不困難，快速，有男子氣概，簡單，直接？你可以花一輩子的時間去思考這個句子，將它變成屬於你自己的句子。我相信單單藉由這個方式，就可以自由地觀看文學、歷史、真理，它們像一本翻開的書，在我眼前開展。

理克·穆迪（Rick Moody）是短篇故事和小說作家，其作品大量探討美國市郊日漸瓦解的家庭關係。他住在長島，是紐約公共圖書館的幼獅書籍獎的合作創辦人。在他的回憶錄《黑紗》中，穆迪認為閱讀是發展主體性的關鍵。

真理確實存在

——我相信真理。也相信追求真理。

艾若・摩理斯

我相信真理。也相信追求真理。

十歲的時候，我問鄰居一個年紀比我大的小孩：「哪個城市比較靠西邊：內華達州的雷諾，還是洛杉磯？」正確答案是內華達州的雷諾，但是他堅信是洛杉磯。

他非常肯定洛杉磯位於雷諾的西邊，甚至願意和我賭兩塊錢。因此我走進房子，拿出地圖。那個孩子看著地圖，說：「這張地圖畫得有點奇怪。」才沒有呢。莫非他的論點是說地圖不會維持東南西北的方位嗎？那算是什麼地圖？我指給他看，如果你沿著西經一百二十度線向下移動（它幾乎直穿過內華達州的雷諾），就會到達太平洋，那是在洛杉磯的西邊。

他回答：「經線不會跨海。」

什麼？我告訴他，經線就是為了指出一個地點在東方或西方，不管它是在陸地上，還是在海上都一樣。

但是，眼前有一個無法跨越的問題。他比我大。

我從這個故事獲得幾個結論。真理確實存在，但是我們往往擁有一個既定的利害關係，以至於對真理不予理會或是根本否認它。而且，真理之所以為真理，並不是因為人怎麼想。真理不是相對的，不是主觀的，它可能無法捉摸或隱藏。人們可能會想忽視真理，但是真理確實存在，對真理的追求也確實存在：試圖明白究竟發生了什麼事，試圖明白事物的真相。

將近十五年前，我聽到一個人的故事；他是無辜的，卻被判死刑、要在德州的亨茲維勒坐電椅。透過艱難的工作、運氣，以及近似於病態的沉迷，我製作了《正義難伸》這部電影，把他從監獄裡救出來。

使我堅持下去的信念，是我堅信「是他做的嗎？」「他有罪還是無罪？」「如果不是他做的，那麼是誰做的？」這些問題一定有答案，而且我可以透過調查來尋得這些問題的答案。

寫一個大寫的T（譯註：代表真理Truth）並不能使我們發現真理。我們進行調查，有時候可以發掘真相，有時則否。沒有辦法事先知道結果，但是我們必須去追尋，彷彿問題必然有解答一樣。我們行事的態度必須是：原則上，我們可以發掘事實——即使找不到真相，仍然必須去做。此外皆不可接受。

我永遠不知道那個鄰家小孩是否真的不明白我對於內華達州雷諾市的論點邏輯。還是他完全了解，只是不願意承認。或是他明白，只是不想付錢。我永遠不知道。

我只知道，我永遠拿不到我的兩塊錢。

艾若·摩理斯（Errol Morris）是獲得奧斯卡金像獎的紀錄片製作人，作品包括《正義難伸》及《戰爭迷霧》。他也是備受好評的電視節目和廣告導演。摩理斯早年曾任私家偵探。

法律規範

麥可・穆蘭

——我相信法律規範，而且絕不允許任何人奪走它。

大體來說，我的個人信仰——或許你的也一樣——對於社會而言並不特別重要。另一方面，我們對於某些事情的信心則非常重要。這一類的事情受到精靈效果的影響——也就是說，只有當我們相信它們的時候，它們才存在。其中之一就是法律規範。追根究柢就會發現，法律規範之所以存在，只是因為有足夠的人相信它，並且堅決主張所有人（即使是不相信的人）的行為都必須表現得像是它真的存在。一旦有足夠的人開始不相信，不再堅持法律保護所有人，不再堅持每個人都必須對法律負責——在那一刻，法律規範即告消失。

因此我的信仰與法律規範密不可分。法律規範很可能是我們社會最偉大的成就；它是我們對抗暴民統治和現代國家的傲慢力量的堡壘。法律規範管理我們，當我們獨自面對與我們意見不合，或害怕我們，或因為我們的不同而不喜歡我們的人時，法律規範保護每一個人。它是保護其他一切價值的保險櫃。

法律堅強得不可思議，卻又非常脆弱。在危機和威脅的時刻，我們會被誘惑，要我們不再相信法律規範——我們以為它使我們變得軟弱，而不是保護我們。我們不只一次屈服於這種誘惑之下。記憶猶新的例子是，我們對偷襲的反應是拘禁美國公民，只因為這些人（或是他們的父母，或他們的祖父母）來自日本。回想過往，這些行為不但不公義，也不符道德；它們是不必要的舉動，而且毫無保護我們之力。

九一一的恐怖事件誘使我思考：或許我們應該不經正當程序而拘禁人。也許我們確實必須犧牲個人自由以換取安全，但是我隨即想起數個世代的美國人拋頭顱灑熱血，就為了建立及保護法律規範，而我好奇：如果我們現在棄法律規範於不顧，將來要如何將它恢復？

就和精靈一樣，法律規範因為懷疑而受到嚴重的傷害。相信它的人必須站起來說——我必須說——我相信法律規範，而且絕不允許任何人奪走它。我相信我們並非如此軟弱、如此無能或是如此害怕，以至於必須放棄它或任憑它毀滅。我相信那些對我們造成傷害，以及會再次傷害我們的少數人，並未強大到能夠迫使我們放棄身為美國人的最重要價值觀。

麥可・穆蘭（Michael Mullane）是位於菲葉特維爾的阿肯薩斯大學法學院的法律教授及法律諮詢處主任。他也在亞歷桑那州和緬因州的一處法律諮詢處執業。穆蘭出生於軍人世家，在越戰期間擔任海軍飛行員。

勃然大怒亦可成善

塞西莉亞．穆諾茲

——我相信一點點的怒氣可以成為莫大的推力。

我相信一點點的怒氣可以成為莫大的推力。

我清楚記得當我發現憤怒形同某種刺激物的那個時刻。那是在一九八〇年左右。當時我十七歲，是玻利維亞移民的女兒，成長於底特律郊區。我的家人在用餐時談到中美洲戰爭的情形，以及美國（我的出生國，也是我父母刻意選擇的國家）介入其中的狀況；討論結束後，一位好友說出令我怒氣爆發的事。他告訴我，他認為美國可能會投入拉丁美洲某地的戰爭。他直視我的眼睛，告訴我，若是發生這種情形，他認為我的父母應該進入拘留營，就像二次世界大戰時的日裔美人一樣。

這是一個認識我們的人，他剛剛還坐在我們的餐桌旁，知道我們多麼融入美國生活。或許我們是帶有一點異國風味，但是我從來不認為我們不是美國人。對我的朋友而言（就像其他許多人一樣），他們總是心存懷疑，懷疑我們是否真的屬於這個我們視之為家的國家，甚至用這樣的懷疑為奪走我們自由的行為辯護。我在那天的暴怒成為我生命的動力，促使我直接投入公民權運動，此後我便致力於這方面的工作。

我猜想憤怒給我相當大的推力。我從事移民權利運動的工作。我搬到華盛頓，擔任律師。在這一路上，我發現更多令人憤怒的事，並且因為言辭激烈而聲名在外。曾經有人寄了一篇關於我的工作的文章給我母親。她驕傲無比，但是也想知道為什麼她的寶貝會被描述為「兇猛」。

但是，怒氣會導致心裡空虛。在我的第一份工作中，如果我們一天幫助五十個移民家庭，那五個資格不符者的臉孔就會在夜裡出現在我的夢中。當我協助通過國會的一項法案，幫助美國人與其移民家庭重逢時，我只想到我那個資格不符、必須再等候十年才能拿到移民許可的侄女。

每天都是如此。會有勝利的時刻，但是被打敗的次數遠勝於此，而你總會記得那些失敗者的名字和面容。我手上仍然保存著一篇報導，內容是在我們政治抗爭失敗之後，一位農場工人自殺的故事。我沒有忘記他的名字——不只是因為他和我的名字一樣。他的故事提醒我牢記我為何從事這份工作，還有我能做的事是多麼微小。

我非常熟悉憤怒在心中刻下的那個空洞。許多年來，我從中獲得力量，以支持我的工作。但是這個空洞還沒有完全吞沒我，也許是因為那個空洞中還存放著其他更有力量的事物，例如憐憫、信心、家庭、音樂，還有我身旁眾人的善良。這些事充滿在我心中，使我因自己有幸能投入微薄之力以扭轉劣勢而深深感激，以節制我的怒氣。

塞西莉亞．穆諾茲（Cecilia Muñoz）是拉美裔全國委員會的「研究、提倡及立法局」的副主席。她是玻利維亞移民的後裔，出生於底特律，為拉丁裔美國人的權益發聲。穆諾茲於二〇〇〇年時獲得麥克阿瑟學者的頭銜。

連結我們的神祕關係

——我相信只有透過同理心、北韓的異議分子、盧安達的孩子，或是伊拉克囚犯的經驗才能在我心中化為真實。

阿薩兒・納腓西

我相信同理心。我相信透過想像，以及透過親密、私人關係所產生的同理心。

我是一個作家，也是教師，因此我有大量的時間用於敘述故事，以及和其他人建立關係。創造同理心的力量，就是想要更多認識自己和其他人的強烈渴望。透過想像和我們對於人際關係的渴望，我們超越自己的限制，明亮我們的眼睛，並且能夠透過另一種新的眼光來察驗自己和這個世界。

每當我想到「同理心」這個詞時，都會想起一個名叫哈克的男孩。他凝視著他的朋友吉姆——一個逃跑的奴隸。哈克自問是否應該出賣吉姆。主日學的教導告訴哈克，讓奴隸獲得自由的人會被丟進「永恆的火焰」裡。但是，哈克說他想像自己和吉姆「在白天和夜晚裡，有時看到月光，有時遇到暴風，我們一起逍遙、談話、唱歌和歡笑。」哈克想起吉姆和他們的友誼，以及溫暖。他不是把吉姆想像成奴隸，而是一個人，因此他決定：「那好吧，我下地獄。」

哈克抗拒的不是宗教，而是自以為是和頑固的態度。直到今日我仍然非常清楚地記得《小鬼闖天關》書中特別的一幕，因為我把它和我自己生命中的一段困難時期聯想在一起。一九八〇年代初期，我在德黑蘭大學教書，我和其他許多人一樣被開除了。我非常驚訝地發現，我最可靠的盟友竟是兩個在校內勢力強大的穆斯林學生協會裡非常活躍的學生。這些年輕人曾經和我發生非常熱烈而激昂的爭論。我強烈反對他們的意識形態，但是他們並未因此而不捍衛我。在被開除後，我遇到其中一個人，我感謝他的支持。「我們不像你想像的那麼死板，納腓西教授。」他回答。「你記得你講的《小鬼闖天關》那堂課嗎？這麼說吧，他不是惟一一個可以冒險下地獄的人！」

這個生命經歷使我對於讓人不受巨大差異所限，仍能建立連結的那種不可思議的關係更有信心。再多正確的政治態度也無法促使我們同情達富爾的一個孤兒，或是喀布爾那個只因為穿著不得體就被帶到足球場去槍決的女人。只有對於其他人命運的好奇心，為他們設身處地設想的能力，以及願意透過想像進入他們世界的意願，才能創造出這種認知的衝擊。若是沒有這種同理心，就不會有真誠的對話，而我們的個人和國家也將繼續保持隔離和陌生，四分五裂和彼此隔絕。

我相信只有透過同理心，阿爾及利亞的女人、北韓的異議分子、盧安達的孩子，或是伊拉克囚犯的經驗才能在我心中化為真實，而不是轉眼即逝的新聞。也就是在這樣的時刻，我們心自問，我是否已經預備像哈克一樣，放棄主日學的天堂，選擇哈克所選擇的那種地獄？

阿薩兒．納菲西（Azar Nafisi）出生於伊朗，因為拒絕戴面紗而遭德黑蘭大學開除。她的著作《在德黑蘭讀羅莉塔》的故事是根據她在家裡祕密教導女學生學習文學的多年經驗而寫成。現在納菲西在約翰霍普金斯高級國際研究學院工作。

詩的創作

——我相信詩作所帶來的禮物深深進入我的心中，幫助我活著，幫助我相信生命。

葛雷格利・歐爾

我相信詩是使人得以在與生俱來的情感混亂、心靈迷惑，以及創傷事件中生存下來的途徑之一。

十二歲時，因為狩獵的意外，弟弟因我而去世。我拿著殺死他的那把槍。在那一剎那間，我的世界永遠地改變了。我覺得悲傷、恐怖、羞恥，還有絕望，其深刻程度遠超過我所能想像。事情發生之後，我那破碎的家庭裡沒有人能夠和我討論弟弟的死亡，他們的沉默則放任我獨自去面對所有痛苦的情緒。而在那些情緒之下，還有更加可怕的事：我知道過去我所賴以為生的一切舒適的生活意義都在突然間徹底瓦解。

創傷暴力的後果之一就是令受害者孤立。它可以使我們與其他人隔絕，使我們與自己的情感生活隔絕，直到我們變得麻木，在世上彷彿行屍走肉。身為一個年輕人，我發現一樣東西，可以對抗我日漸明顯的隔絕感和麻木感：寫詩。

在寫詩的時候，我處理經驗。我引用心裡的東西——原始、混亂的感覺或記憶的原料——把它轉化為文字，然後將這些文字塑造成我們稱之為詩的韻律語言。這個過程帶給我一種狂野的喜樂。之前，面對我的迷惑時，我毫無力量，而且被動，但是現在我是主動的：我是經驗的塑造者。我把自己的經驗轉換成一種明晰的生命意義。

由於詩就是生命的意義，而且即使是我所寫的最悲傷的詩也是我想生存的證明，因此它代表在生命一切的複雜和矛盾當中對生命的肯定。

身為詩的創作者，我經歷一個意料之外的奇蹟：由於詩可以在詩人和讀者之間分享，因此詩成就了對抗隔絕的又一次勝利。

每當我讀到一首令我感動的詩時，我知道我在世上並不孤獨。我覺得和那首詩的作者之間有一種聯繫，知道他（她）曾經歷過與我類似的經驗，或是有過與我類似的感受。他們的詩給我希望和勇氣，因為我知道他們生存下來，他們的生命力量夠剛強，能夠將經驗轉化為文字，並將它塑造成生命意義，然後與我分享。他們的詩作所帶來的禮物深深進入我的心中，幫助我活著，幫助我相信生命。

葛雷格利．歐爾（Gregory Orr）任教於維吉尼亞大學。他是傳記《祝福》、論文集《詩歌即生存》的作者；另著有九本詩集，包括《我愛即我書》。歐爾和妻子，畫家崔夏．歐爾住在維吉尼亞州的夏綠蒂斯維爾。

我們都關心彼此的事

——我相信信仰要透過行動才能銘刻於心。

艾布・佩特爾

我是美裔穆斯林。我相信多樣性。神在可蘭經中告訴我們：「我將你們創造成不同的國家與民族，好使你們能夠彼此認識。」我相信美國是人類實現神的心願的最好機會：使我們彼此認識。

在我的辦公室裡，掛著諾曼・洛克威爾的畫作「敬拜的自由」（Freedom of Worship）。一位穆斯林的手中握著一本可蘭經，站在正在撥動念珠的一位天主教婦女身邊。其他人的手握成禱告狀，眼中充滿虔誠。他們並肩站著，面對同樣的方向，並不因其他人的存在而感到不安，但是每個人都是獨立分開的。這幅畫生動描繪出一個在多樣性中和平共處，但是不去探究多樣性的群體。

在我們生活的這個世界裡，意圖分裂我們的力量十分強大。要勝過這些勢力，我們不能只是默默地站在彼此的身邊。

我在芝加哥的西郊唸高中。和我一起吃午餐的那群人裡有一個猶太人、一個摩門教徒、一個印度教徒、一個天主教徒，還有一個路德教會的信徒。我們都相當虔誠，但是我們幾乎從來不曾討論宗教。某人會在餐桌上宣布自己不能吃某種食物，或是有一段時間不能吃東西。我們都知道這些事的背後必然有宗教的因素，但是除了「我媽說」之外，不曾有人提出過更進一步的解釋，也沒有人會要求解釋。

畢業多年以後，我在午餐會的猶太朋友和我談起一個我們都希望從來不曾發生的經驗。我們高中的一個流氓團體在教室桌子上塗寫反猶太人的中傷話語，而且還在走廊裡大聲叫嚷那些話。

我沒有勇敢地對抗他們，也沒有安慰我的猶太朋友。相反地，我對他們心地狹窄的表現視若無睹，而且我逃避朋友的眼光，因為我不知如何面對他。

我的朋友告訴我，那時候他不敢去學校，而且當他看到平日親近的朋友沒有採取任何行動時，他覺得被遺棄了。聽著他告訴我他所受的痛苦——以及我的共犯行為——是這一生最令我感到羞恥的經驗。

我的朋友需要的不只是我在餐桌上的沉默陪伴。現在我知道，相信多樣性意味著我需要採取行動的勇氣。行動是使信仰和意見有所區別的關鍵。信仰要透過行動才能銘刻於心。

套用美國詩人格溫多琳．布魯克斯的話來說：「我們都關彼此的事；我們是彼此的成果；我們是彼此的重要性和束縛。」

我無法回到過去，抹除我猶太朋友的痛苦，但是透過行動，我可以幫助其他人不再發生同樣的遭遇。

艾布·佩特爾（Eboo Patel）是跨信仰青年核心的創辦人兼執行主任，該組織位於芝加哥，支持國際性不同宗教信仰的青年運動。他在全球就青年與宗教事務進行演說，也是二〇〇四年諾貝爾和平獎論壇的主講者。二〇〇二年時，《非凡》雜誌提名佩特爾為該雜誌「三十歲以下的三十位願景家」之一。

生命不單只有我的生命

牙美加・理奇

——我相信在前所未有的寧中，我覺得自己與世界連結。我感到謙卑，更感到快樂。

我女兒美亞今年兩歲，剛剛問起我們的貓。我們的貓死了。美亞知道這件事——她好奇的是，既然現在牠不在她的餐椅下喵喵叫，不耐地等候她掉落食物，那麼牠到那裡去了？牠發生了什麼事？

就在這個時候，我明白了：我必須知道我相信什麼。

我的父母直接承認，他們不知道當我們死亡時會發生什麼事。還是孩子的時候，我為了思考這個巨大的奧祕而失眠了一整年：我僵直地躺在毛毯下，清醒地想像著永恆虛無的將來，為了我不再存在的悲劇而大受打擊。這個主題仍然在我心中徘徊不去。我希望美亞的態度能夠健康一點，因此我想出一個答案，回答她關於貓的問題。

經過一段凝重的沉默之後，我告訴女兒說，馬丁（那隻貓）跑到原野上去了。我告訴她，當動物（包括人）死的時候，通常他們會被放進土裡，他們的骨頭變成草地、花朵，以及樹木。我用手輕撫美亞的金色捲髮，輕輕觸摸玫瑰色的臉頰，並且留意她的反應。她似乎沒有疑問。她似乎因為有一天自己會變成一朵花而感到興奮。

我很驚訝。在這段對話中，我真的明白我相信的是什麼，彷彿生命中如此多的片段——露營旅行和大自然健行、憐憫的悲傷、對澎湃大海和高聳大樓的敬畏、愛情、科學課程，為人母親——突然間結合成單一的信念：不是我註定要變成植物肥料，而是生命要比我的生命更加偉大。我不是寂寞的人類，被丟到世上漫無目的地遊盪。我是這個世界的一部分，而且不會到別的地方去——就像牆角的蜘蛛、門檻上的灰塵，還有我埋在後院的貓一樣。我看到美亞一面大嚼迷你圈餅，一面思索。我感受到一股前所未有的平靜。我覺得自己與世界連結。我感到謙卑，更感到快樂。生命，死亡，二者環繞著我，洋溢在我的每個氣息之中。後來，我伸手握住女兒的手，在春日的散步中弄髒了我們的鞋子。我們一起看到新芽在陽光中成長，綠色的山丘在微風中閃閃發光，羽扇豆的淺紫色豆莢爆開來。如果這一生結束之後什麼都沒有，也沒有關係，因為這個事實依然存在：在每朵綻放的花朵中，生命生生不息。

牙美加・理奇（Jamaica Ritcher）是北加州的原住民，自孩提時代即喜愛戶外生活。除了愛好露營之外，她在大學裡也學習文化人類學和自然科學。現在理奇和家人住在澳洲，她的丈夫正在進行植物生物學的博士後研究。

自由思想和心的作用

——我相信只有當我們願意為了善良而奮鬥，社會才能維持善良。

傑奇・羅賓森

一九五〇年系列精彩選輯

在一九四七年的世界大賽剛開始時，我在演奏美國國歌時經歷到全新的感受。我心想，這次它是為我演奏的。這是有組織的棒球大聯盟，我和其他所有人一起站在這裡；而且發生的一切都有我在其中。

大約一年以後，我前往喬治亞州的亞特蘭大，參加一場表演賽。這是亞特蘭大有史以來第一次同時有黑人和白人站在球場上。其他的黑人站在我身旁。我想：我一向堅信的理念成真了。

我一向堅信的是什麼？第一，人類是不完美的。但是只要人類有呼吸的空間、思考的時間，這些不完美就會消失，無論多麼緩慢。我不相信我們已經找到完美，甚至連接近完美都談不上。在人類的計畫裡，完美並非必要的。殘障、障礙、偏見，這些都是不完美。但是，我們必須認真看待它們，因為它們確實存在於人類的計畫中。

無論我遇見什麼阻礙，只會促使我更加努力奮鬥。但是除非我獲得個人深刻信念的支持，否則我根本不會去奮鬥，而這個信念就是：我的奮鬥有機會成功。我的奮鬥有機會成功，因為我身處於一個自由的社會裡。我從來不曾被迫去面對及對抗堅不可破的阻礙。環境從來不曾嚴苛到使我完全沒有機會。自由的思想和人性環繞在我四周，因此有改善的可能性。

現在，我看著我的孩子，我知道我必須協助他們做好準備去迎向障礙和偏見。但是我也可以告訴他們，有一部分的偏見是他們絕對不會面對的，因為已經有其他人成為先鋒。我也可以這樣告訴自己，因為進步是不變的趨勢，等到他們長大成人時，現在的許多教條早已消失無蹤。我可以對我的孩子說：你有機會。雖然不能保證成功，但是有機會。

而且這個機會已經到來，因為對自由的人而言，沒有什麼是靜止不動的。中世紀的邏輯並未強大到足以阻止人類的浪潮向前湧流。我不相信各種生活階層中的每一個人都能在困難中獲得成功，因為這種情形近乎完美。但是我確實相信——而且深刻地相信——我之所以能夠達到目前的地步，是因為我們把過去的教條拋諸腦後（無論多麼緩慢），以發現今日的真理，或許還能找到明日的偉大。

我相信人類。我相信溫暖的心。我相信人性的正直。我相信自由社會的善良。而且我相信，只有當我們願意為了善良而奮鬥——並且對抗任何可能存在的不完美時，社會才能維持善良。

我的奮鬥目標是對抗將黑人拒於棒球之外的阻礙。這是我發現不完美的地方，也是我能夠奮鬥的地方。我之所以奮鬥，因為我知道這並不是一場註定失敗的戰鬥。這不會是一場必敗的戰鬥——只要它是發生在一個自由社會中就不會。

而且，就最廣泛的層面而言，我相信我所做的事早已為我所成就——我對神的信仰支持我繼續奮鬥。而且我所成就的事必然也會為其他人所成就。

傑奇・羅賓森（Jackie Robinson）於一九四七年成為大聯盟棒球的第一位黑人球員，率先參與美國職業運動員的融合運作。在為布魯克林道奇隊效命的十個球季中，他參加過六次世界大賽的球隊，並且於一九四九年獲選為大聯盟的最有價值球員。

我的蠕蟲夥伴

卡爾・山德堡

——我相信全球的自由人士都珍視地球為發源地及埋身處，是其創造者的作品，是人類家族的財產。

一九五〇年系列精彩選輯

會坐下來腸思枯竭，尋找「我相信什麼」這個答案的人，若不是打算寫一本書，就是想要寫下一些審慎選取的想法，以為這些想法在當前艱苦和混亂的環境中，或許對人類而言算是健康的思想。但我相信的是帶著平靜的思想和充滿盼望的心起床。由於我有為數眾多身處紅塵的蠕蟲同伴也抱持同樣的信念，因此強調這個信念並沒有用處。

我還記得多年以前，聖達菲有一位美麗女子說：「我無法理解怎麼有人能夠在學習占星術的同時，在早晨還能有足夠的勇氣起床。」她是用詼諧的方式，婉轉地指出在有數十億年歷史的星座舞動中，我們是多麼微不足道的星塵。

我相信人性，不過若要自白及解說我所相信的人性，恐怕需要長達兩三個小時的守舊演說。我也相信驕傲，即使明知七大罪中最致命的一項罪惡就是驕傲。我所相信的驕傲是不斷地祈求能夠察覺「那道邊界」，除非你自己小心警覺，否則一旦跨越這道邊界，你就會落入無知、落入虛無、落入攬鏡自照，導致誤用及侵犯人格中的神聖部分。

在林肯所說的話中，沒有比他寫給路易斯安納一位聯邦官員的短信更加嚴肅的了：「我不會心懷惡意行事，因為我面對的事情遠非惡意所能解決。」

現在我相信能夠發揮作用的陳腔濫調，尤其是這句歷經千錘百煉的古諺：「永遠的警惕是自由的驕傲。」伴隨自由而來的，就是責任。我相信全球的自由人士都珍視地球為發源地及埋身處，是其創造者的作品，是人類家族的財產。

我相信自由是經由艱苦的道路而得——透過不斷地摸索、辛勞、掙扎——甚至透過嚴厲的考驗和痛苦。

卡爾·山德堡（Carl Sandburg）被稱為「人民的詩人」，是美國工人的代言者。他也是傳記作家、演說家、報紙專欄作家，以及民謠歌手。山德堡於一九四〇年時，以亞伯拉罕·林肯的傳記獲得普利茲獎，並於一九五一年再度以其詩作獲獎。

當孩子被人需要時

瑪格麗特．珊卓

——我相信，我的責任是高舉母親的地位。

一九五〇年系列精彩選輯

這是我最重要的信念：所有的基本信念都必須經過經驗的考驗和淬煉——有時候經驗越痛苦，煉淨後的信仰就越有確實的根據。

身為龐大家庭中的一份子，我了解到我做得最好的事情就是我喜歡做的事。後來我把這種對於行為和結果的認識稱為「醒悟的意識」。

成年以後，有一句古老的印地安諺語在工作中激勵我。「要建造自己以超越自我，但是首先要確定自我擁有強健的身體和心靈。」是的，建造、工作、謀畫，不是為了你自己，不是為了你自己的利益，而是要「超越自我」——當這個理念影響思想時，你會開始從未來的角度進行思考。

從我開始對照顧病人產生興趣的那一刻起，我就開始想像一個超越自己的世界。身為一名護士，我必須接觸病患和軟弱者。雖然我對於身體的健康和疾病有一些認識，但是有很長一段時間，我因為生命、婚姻、生活，以及存在的巨大個人問題而困惑不已。

對於「超越自我」而言，這確實是一個挑戰。但是我該從哪裡開始？在每一扇門前，我都可以找到答案。我開始相信我可以採取一些行動，提升自己對於這些基本人性問題的理解。若要建造自己以超越自我，首先我必須運用自己內在的一切精力、勇氣，以及決心。我準備要面對反對，甚至是譏笑，公開指責。但是我也必須準備好，以悍衛這些不受歡迎的信念；我必須做好準備要面對法庭，甚至監獄。但是我決心要起來對抗所有與我敵對的勢力，若有必要，孤單也無妨。

約在四十年前，我開始了我的戰鬥。原本是我幫助對象的婦女和母親也願意幫助我。她們也想要超越自我，生下健康的孩子，養育他們成為快樂而有用的公民。我相信，我的責任是高舉母親的地位，超越束縛和意外的層次。我深信我們必須關心人群；我們必須出去，在他們的絕望境遇中幫助他們。

我為了這些信念而遭受指責，被捕。我進出警局和高等法院，面臨控訴多年。但是任何事都不能改變我的信仰。因為我視這些信念為真理，而且我固執地堅持我的信念。

無論要在健康、誤解、犧牲等方面付出多少代價，都必須要採取行動，而我覺得環境的力量召喚我來做這件事。我的生活因我信守的人生哲學和我的工作而變得富有而滿足。我關心的議題從地區性的環境和需要擴展到世界性的層級：當成年人覺得需要孩子，然後才懷孕的時候，世界就能和平。如此一來，將產生新的自覺，誕生新的種族，為世界帶來和平。這個信念經過我這一生充滿喜樂與掙扎的考驗，現在它仍然是我的基本信念。

我為人類的未來展開漫長的聖戰。我深深相信這件事，始終如一。

瑪格麗特．珊卓（Margaret Sanger）於一九一六年時成立美國第一家生育控制診所，當時發表和散布避孕方面的資訊皆屬不合法行為。她一生都是生育控制和女權的倡導者，於一九二一年時成立美國生育控制聯盟，後來改名為美國計畫生育聯盟。

人民已經表達意見

——我相信政治。政治基本上是合法利益之間發生衝突時的和平解決之道。

馬可・薛爾德

我相信政治。除了它本身很有趣之外，政治基本上是合法利益之間發生衝突時的和平解決之道。

在一個像我國如此龐大、喧囂和多樣化的大陸性國家裡，我不知道除了透過政治之外，還有什麼方法能夠解決我們的差異並生活在一起。折衷是取代蠻力、金錢或人數優勢的最佳方案。兼具智慧和公平的折衷方案要透過我們選舉出來的政治家的獻身、技巧，當然還有智慧，才能精心設計出來。

我喜歡角逐公職的人。對大多數人而言，生命是一連串靜默無聲的成功或挫折。如果你角逐公職獲勝，家鄉的報紙就會宣告你的成功。它不會補充說明道：「由於帳戶仍有未釐清的疑問，因此薛爾德不在晉升的考慮名單之列」或是「他在公司野餐時的古怪行徑」。

但是選舉已經被描述為一日促銷，而且這樣的形容正確無誤。如果你是候選人，你的命運就是頭版新聞。到了週二晚上八點鐘，你就會體會到勝利的狂喜，或是忍受失敗的痛苦。曾經在自修室裡坐在你身邊的每一個人、每一個曾經約會過的對象、曾經請你幫他們照顧孩子的每一個人，都知道你的成功（更可能的情況是，知道你的失敗）。政治家勇敢地冒著被公開拒絕的危險，而我們其餘的人則會盡己所能地去避免這種危險。

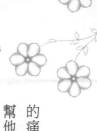

我早年參與過四次以失敗告終的總統競選活動，並且以記者身分報導前七次總統競選，我非常欽佩候選人能夠以幽默和優雅的態度面對失敗。狄克．塔克是承認失敗的最佳典範，他在加州議員初選中落敗時，只說：「人民已經表達意見了……那些雜種。」

但是我相信有勇氣的政治家。我第一次和非裔美藉人士睡在同一間寢室，接受非裔美籍人士的指揮，是在巴里島的海軍陸戰隊營地，而使美國軍隊的種族隔離政策宣告終止的，是哈利．杜魯門總統的政治勇氣，因為他相信我們國家價值的核心就是平等。

我也佩服羅納．雷根的勇氣。一九七八年，在邁阿密、聖保羅，以及奧瑞崗州的尤金，投票人提出對同性戀者採取差別待遇的法案獲得優勢之後，由加州保守派人士支持的投票法案禁止同性戀者在公立學校教書，而且很有可能通過；但是羅納．雷根發起反對運動——而且獲得成功。羅納．雷根反對公共生活中的這種偏狹行為。

我相信撰寫士兵福利法案（譯註：美國國會制定之法案，其目的在協助第二次大戰期間之退役士兵接受教育或職業訓練及購買房屋等）、通過馬歇爾計畫以重建戰後荒廢的歐洲、拯救五大湖，以及透過社會安全法使年長者不再貧困和恐懼的政治家。我相信那那些讓我們知道我們都享受先人的餘蔭，而且必須對後人負責的那些政治家。我相信那些讓我們知道我們都不勞而獲、坐享其成的政治家。

在最惡劣的情況下，政治家（就和我們其餘的人一樣）可能心胸狹窄、腐敗，自私自利。但是我相信政治，在最好的情況下，它可以幫助我們的世界，強者在其中更加公平，弱者在其中更加安全。

馬可・薛爾德（Mark Shields）參與政治的年資超過四十年。他一開始是威士康辛州參議員威廉・普洛斯默的助理，然後參與四次總統大選以及多次州長和國會選舉。薛爾德是PBS「新聞眼」節目的政治分析家。

有力事物皆危險

華理士・史泰格納

——我相信良知，不是宗教行為灌輸的理念，而是來自孩提時期的學習，來自養育我們的傳統及社會。

一九五〇年系列精彩選輯

要不帶任何偽裝或造假，誠實地說出一個人真正而根本的信仰，是非常困難的。無論是語帶保留，還是想要公開宣告的渴望，都可能會扭曲或誇大真正要表達的語意，而且公開表達信仰非常近似於激勵人心的行為，且事實上往往是因為某人想要幫助沮喪者振作起來、提振大眾的士氣才這麼做，以至於信仰變成宗教性事務。

坦白說，我所相信的事既不具激勵人心的作用，也不是福音。我對於熱切的信仰抱持懷疑的態度，因為就是它吊死女巫和燒死異教徒，而且一般來說，我比較同情女巫和異教徒，而不是吊死和燒死他們的宗教成員。我害怕極端的熱忱，無論是基督徒、穆斯林、共產黨員，或是任何信仰，因為它限制了人類的理性範圍，使人無法以智慧來化解人性的差異，而是以手中劍來創造正統信仰。

我甚至不敢說自己是個堅定的基督徒，儘管我所信奉的行為規範源自於耶穌基督的教導，而且祂的講論遠比其他任何人所說的更加動人。我就是無法明白關於神的事；我不認為我能夠明白。

無論我距離這個境界還有多遠，我知道節制是我最相信的美德之一。但是我也相信整體的基督教及傳統美德：仁愛與寬大，堅定與勇氣，還有其他許多。我更相信良善並非由事物來決定，而是取決於我們如何運用事物。所有具有力量的事物，從人類的愛到原子能，都是危險的；它會產生邪惡，正如它會產生良善一樣；只有透過控制、規範，以及我們運用的智慧，方能產生好的結果。大部分的控制力量來自於社會，由法律和機構及執法人員來施行，但是其中有許多必須由個人施行，而且我不認為我們能夠規避為自己行為負責的義務。自我約束和擔負個人責任，並不一定獲得金錢或權力作為報酬。自尊和他人的尊重已經足夠。

這一切都在說明，我相信良知，不是宗教行為灌輸的理念，而是來自孩提時期的學習，來自養育我們的傳統及社會。美德的外在形式會因國家而有極大的變化；保守的中國學者，或是在吠陀和印度經文的環境中長大的印度人，他們的良知必然與我不同。但是在構成人類禮儀的基本概要上，我們的差異卻小得驚人。中國人和印度人和我一樣明白何謂仁愛，何謂寬大，何謂堅忍。他們同樣可以正確地為正義下定義。只有當我們因著種族和宗派的狹隘思想而盲目時，才會堅持彼此的差異，並且只能在自己的族群內看見善良。

人類是一種偉大的生物，也是一個偉大的謎，值得我們投注驕傲和熱情，也充分觸動我們的神祕感受。我當然無法完全依照自己的想法去運用我的生活，有時候也會在遵循良知行事方面一敗塗地，然而即使我無法順從良知的指引，也不會不信任它的提醒。但是我非常高興自己還活著；而且當我有足夠的智慧能夠思考時，我也因為身為人類和美國人，因為這兩個身分所包含的一切權利而自豪；最重要的是，我也在屬於我的責任面前保持謙卑。因為任何權利必然帶有責任，既然出生時比世界上的大多數人幸運，我也在出生時就擔負著較多的義務。

華理士．史泰格納（Wallace Stegner）是作家及教育家，出版三十餘本小說、短篇故事及散文集，以及歷史研究。《糖果山》是他最受歡迎的小說之一，《靜止角》則贏得一九七二年的普利茲小說獎。史泰格納撰寫關於美國西部的文章，也努力加以保護。

生命，自由，追求幸福

——我相信對幸福的追求。不是得到幸福，也不是追求幸福的最終定義，而是追求的過程。

安德魯．蘇利文

一九五〇年系列精彩選輯

我相信生命。我相信生命值得我們珍惜，像一個永遠都無法完全破解的謎，像永遠都不能被玷污的尊嚴，像一張邀請我們去經歷只能留作將來追憶的經歷的請帖。我相信生命的一體性，也相信存在於初春的新芽和臨終病人眼中的最後一絲殘光之間、存在於正處於顛峰的運動員和四肢癱瘓的病人之間、存在於子宮中的胎兒和用自己的身體孕育著另一個生命的母親之間的那種親密聯繫。

我相信自由。我相信在每個靈魂深處，都存在為自己的理想而奮鬥的潛力；我相信在每一個身體裡，都蘊含著不可剝奪的不受壓迫權利。我信任這樣的一個政府體制——把「自由」視為關切的焦點，執行法律的惟一目的就是要保護這份自由；堅定地站在個體的一邊，而不只是宣稱家庭、部族、教會和民族的利益；能在面對罪行之時看見公民的清白，在面對非難之時看見公民的尊嚴。我相信財產所有權，我們有權擁有自己的財產而不被政府利用各種「仁慈」的理由以稅收的方式蠶食。我相信言論自由，我相信反對和瀆神的自由，我也相信改變宗教信仰的自由和出庭作證的自由。我相信這些自由都是緊密相連的——基本教義者的自由和無神論者的自由，女性的自由和男性的自由，黑人的自由和亞洲人的自由，同性戀者的自由和異性戀者的自由。

我相信對幸福的追求。不是得到幸福，也不是追求幸福的最終定義，而是追求的過程。我相信旅程，而非目的地；我相信對話，而不是獨白；我相信眾多的問題，而不是任何單一的答案。我相信重新塑造自己，以永恆的寬恕之心彼此激勵時所面臨的掙扎，我們知道沒有人確定幸福到底是什麼，但人人都明白堅持追求的必要性。我相信種種可能性，無論是驚喜，或是痛苦後獲得平靜，或是流放後得以返家。而且我信任銘記著這三點的國家，這個國家只承諾會更加人道，從不擔保一定成功。就在無法達成目標而不斷的失敗中（本文一開始就暗示這一點），存在著永恆的新開始的可能性，一種古老的新鮮感，一個使我們自己和我們的文明得到重生的方法，儘管很少人可以預見這些方法，而且總有一天許多人會遺忘它們。但是重點是現在。而實現的地方正是美國。

安德魯・蘇利文（Andrew Sullivan）生於英格蘭，於牛津大學和哈佛大學接受教育。二十七歲時，他成為《新共和》的編輯，並擔任此職五年。身為作者、評論家，以及部落格作家，蘇利文主攻政治及社會議題，並提倡同性戀者的權利。

我贊同異教徒

亞諾・湯恩比

——我相信我們會發現，要不顧個人的好惡去做我們確知是正確的事，也一樣困難。

一九五〇年系列精彩選輯

我相信或許有一些事情是某些人所確知的，但是我也相信這些可知的事情對人類而言並非最為重要的事。一個優秀的數學家可能知道與數字有關的事情，優秀的工程師可能知道如何運用物理力量來達成他的目的。但是工程師和數學家都是人類——因此對他們而言，還有對我而言，最重要的不是一個人的知識和技巧，而是一個人和其他人的關係。我們不需要都成為工程師或數學家，但是我們都必須與其他人相處。而我們和其他人的關係才是生命中真正重要的事，也是真正困難的事，因為是非的問題就發生在這裡。

我相信我們對於何為是、何為非並沒有確切的認識；即使有，我也相信我們會發現，要不顧個人的好惡去做我們確知是正確的事，也一樣困難。事實上，我們必須盡己所能地判斷何為是，然後我們必須付諸行動，試著在不確定的情況下以這些認知作為行事標準。

由於我們永遠無法肯定，因此我們必須盡量保持寬容的態度，並且承認我們可能是錯誤的，同時我們必須堅定而充滿活力地專注於我們所做的事，以求發揮效用。單單是在做正確的事情時試圖兼顧效率、謙卑和寬容，已經夠困難了，但是試圖做正確的事情是更加困難的，因為這表示要對抗自己。

試圖做正確的事意味著要對抗自己，因為就天性而言，每個人都覺得自己是宇宙的中心和目的，行為也是以此信念為標準。但是我確實肯定我並不是宇宙的中心，而且當我自以為是宇宙中心並依此準則來行事時，我就會走上錯誤的道路。因此一個人必須隨時對抗自己；這表示痛苦非旦是不可避免的，更是生命教育中不可或缺的一部分，前提是個人能夠學習到如何從痛苦中獲得益處。我相信對於一切值得爭取的事物都必須付上受苦的代價，而且我當然知道這種信念從何而來：我剛好出生在一個以基督教為當地信仰的國家。

另外一個我認為源自於基督教的信念則是，生命因愛而有了意義及目的，而且如果我們因為遵循愛的領導而受苦，就對我們有益。但是我無法誠實地自稱為基督徒（至少就傳統的思維而言不是）。一個人把自己的教會、文明、國家，或是家族想像成神的選民，我相信那就和自以為是神一樣是錯誤的。我同意西馬庫斯這位異教哲學家的看法，他向得勝的基督教會提出信仰自由的要求，而我要引用他的話來做結束：「宇宙是一個過於龐大的奧祕，不可能只有一條接近的途徑。」

亞諾・湯恩比（Arnold Toynbee）是英國歷史學家兼歷史哲學家，也是現代希臘及拜占庭歷史教授，以及一九一九及一九四六年巴黎和會的使節。他的鉅作——十二冊《歷史研究》——使他的聲望達到顛峰。

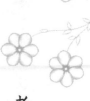

考驗我所知及感覺的極限

——我相信人類在創意寫作方面的價值。

約翰・厄普戴克

一個人會在不同的時間相信不同的事，甚至在同一天內就會有所變化。在七十三歲的年紀，我似乎很直覺地相信人類在創意寫作方面的價值；無論採取詩歌還是小說的形式，都是一種述說真理、自我表現，以及對創造和知覺這兩大奇蹟表示敬意的方式。與實務報導和分析相較起來，這些間接溝通方式的特殊價值在於精確。奇怪的是，故事或詩詞使我們更加接近經驗的實際結構和複雜性。

在小說中，想像出來的人物比在一連串的謠傳事件中驚鴻乍現的名人更加真實；這些事件的原因和更細微的枝節必須保留在黑暗中。一個像安娜・卡列尼娜或艾瑪・包法利這樣的虛構人物徹底呈現於理解的陽光下，隨之而來的是認同、同情，以及憐憫。我在自己的寫作中發現，只有小說——而且在罕見的情況下，詩歌也會——會徹底考驗我所知及我所感受的極限。即使是在撰寫如此坦白而簡單、關於信仰的記錄時，我也必須抵抗這種感覺，不致以為我在簡化及剝削自己的聲音。

我也直覺地相信美國的政治實驗，即使並不甚中肯。我認為它至少信任人民會知道自己的想法和最佳利益。「在受管理者的同意下進行管理」，這句話說明其理想。雖然實務上必然只是近乎準確，而且有可辯論之處，雖然極權主義或技術專家治國論的政府可以快速獲得部分成功，但是到頭來，只有民主制度能夠在持續而且可更新的基礎上發揮人民的精神。在最低法律限制的社會架構中保障個人最大的自由，即使無法保證快樂，但可以確保追尋自由的過程充滿希望。

大體說來，我似乎有兩種思想。物質科學能夠解釋萬物——從銀河的行為到分子、原子，以及它們的微小組成——其力量似乎不容置疑，也是現代思維的最大榮耀。另一方面，主觀感受、渴望，以及——我們甚至可以說——幻想的真實性，構成了我們存在的基本內容，而且光是宗教就以眾多形態試圖解釋、組織，以及撫慰這些感受。因此我相信，宗教信仰會繼續成為人類不可或缺的一部分，如同它對我的意義一樣。

約翰．厄普戴克（John Updike）的系列小說著作敘述「兔子」哈利．安斯壯的一生，為他贏得兩座普利茲獎。他也是著名的詩人和散文作家，也是文學和美術的評論家。厄普戴克成長於賓州鄉間，現在住在麻薩諸塞州。

善良不會憑空發生

利百加・魏斯特

——我相信自由。我覺得對於一個健全的世界而言，要讓每個人都能在其中隨心所欲並盡其所能地發言與行動。

一九五〇年系列精彩選輯

我相信自由。我覺得對於一個健全的世界而言，要讓每個人都能在其中隨心所欲並盡其所能地發言與行動，要讓每個人都能以其獨特的方式為我們對生命的認識有所貢獻，自由是必要的，因為每個人都是獨特的。他的生理和心理組合是獨特的，他的環境也是獨特的。因此他必須能夠告訴我們一些只有他才能提供的教導。

我希望只有在我撰寫與政治有關的議題時才相信這一點，但是身為一個有家庭和朋友的女人，我也相信這一點。這個信念並沒有讓生活變得比較輕鬆。因為如果你容許一個人隨心所欲地言行，總有一天他會想要說出或做出干預他人自由言行的事情。

因此，接下來就是我視為我這一生的主要問題，也就是彼此競爭的自由要如何取得平衡。這包括一連串非常精確的計算，而且你絕對無法不做這樣的算計。這個原則必須應用在人際關係上，而且每個人都知道這裡可以使用的簡易計算法則就是愛；但是要有效率地運用愛，需要大量的真才華。這個原則也必須應用在社會關係上，此處的簡易計算表就是政治科學家所謂的法律規範；它包括必須獲得尊重的、對於相互義務的認知，以及一個可以信賴、相信它能夠在認知無效之時進行干涉的法律系統。

在我年輕時，我不明白愛的困難，也不明白法律的重要性。我成長於背叛的世界，我也是個反抗者。我以為人類天性良善，人際關係一定可以正常運作，法律則是一部笨拙的機器，嚴酷地對付那些只要擺脫貧窮就不會再反抗的人。而且我們都相當肯定，人類天性很快就會達到完美的境界。

是的，我還記得大約在我十一歲的時候，有一位曾經去過俄國的客人來拜訪我母親。她描述她親身經歷的一場迫害，看到哥薩克人當街鞭打猶太人。我記得我一面聽，一面想：「我絕對不能忘記這件事。等我年老以後，人們會想聽這件事，因為到時候這種事情一定早就沒有了。」你可以想像，當我和我這一代的人發現，這種事情在世上許多地方變成家常便飯，而且這樣的迫害雖然恐怖，但是和今天受苦的數百萬人比較起來似乎微不足道時，對我們而言是多麼大的震撼。

和我一樣的人類所造成的恐怖。現在我知道，這個世界上的好事並不是理所當然會發生；必須透過愛的努力，以及對法律的服從，才能營造及維持。但是當我們身處殘酷當中時，我們如何能夠愛？我們如何因為法律是人類的制度之故而加以保護，使它不被我們的腐敗所腐化？

當我年紀漸長，我逐漸在實際的經驗中發現確有一位神，而且我知道宗教提供一個方法，可以與祂接觸，但是我發現那個方法很困難。我希望能夠透過寫作走向真理，但是我也知道我必須寫出我思想中的那位神的思想，作品才會有價值。這並不容易；事實上，這比當反抗者更困難。但是我提醒自己，如果我希望生活變得輕鬆，我根本就應該出生在另一個宇宙中。

利百加・魏斯特（Rebecca West）是評論家、記者、女權主義者，也是小說家。她最著名的成就可能是對紐倫堡的納粹戰犯審判進行研究，杜魯門總統因此稱她為「全球最優秀的記者」。一九五九年，伊莉莎白女王任命魏斯特為大英帝國的貴婦司令，相當於男性的榮譽騎士。

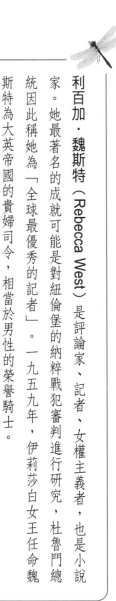

當凡人獲得不凡的成就時

裘蒂・威廉斯

——我相信，如果有足夠的平凡人以行動支持我們對於一個更美好世界的渴望，我們就能完成絕對不平凡的成就。

我相信平凡人有可能獲得不平凡的成就。對我而言，「平凡」人與「不平凡」人之間的差異並非這個人擁有的頭銜，而是他們做了什麼事，讓這個世界變得更好。

我不知道為什麼人們要選擇他們想做的事。我還是孩子的時候，我不知道自己長大以後要做什麼，但是我知道我不想做什麼。我不想長大，不想生小孩，不想結婚，不要白色木椿籬笆的房屋等等。而且我絕對不曾想過要成為異議分子。我甚至不清楚什麼是異議分子。

我哥哥生下來就是聾子。長大以後，保護他的責任落到我身上，而且我經常想，這就是造就今天的我的原因。

當某人向我提出發起地雷運動的想法時，我們只有華盛頓特區一間小辦公室裡的三個人，當時是一九九一年年底。我當然有不少關於如何展開活動的主意，但是如果沒有人在乎呢？如果沒有人回應呢？但是我知道，要回答這些問題，惟一的方法就是接受挑戰。

如果我身為一個個體，卻擁有力量，那是因為我和全球各國的其他個體合作。我們都是平凡人：我的朋友吉瑪，來自亞美尼亞；保羅，來自加拿大；柯索，他是高棉的地雷生還者；哈波巴，來自黎巴嫩；克莉絲汀，來自挪威；戴安娜，來自哥倫比亞；瑪格莉特，另一位來自烏干達的地雷生還者；還有其他數千人。我們一起合作，帶來不平凡的改變。地雷運動的重點不只是地雷——而是在於眾多個體的力量用一種不同的方式和政府合作。

我相信我有權利及義務要盡力創造一個不高舉暴力和戰爭，而是尋求不同的方法解決共同問題的世界。我相信在現代，勇敢說出你的意見，勇敢從各種資源中找尋資訊，可以成為勇氣的行為。

我知道堅持這樣的信仰，並且公開講述它們，不見得容易，或令人自在，或受人歡迎，尤其是在九一一事件之後的世界。但是我相信，生命不是一場聲望的競賽。我真的不在乎別人對我的看法——相信我，他們說了很多。對我而言，重點在於試著做正確的事，即使沒有他人在場也一樣。

我相信，為了這個星球上蔓延的問題擔憂，卻不採取行動加以對抗，絕對不是正確的態度。改變這個世界的惟一方法就是採取行動。

我相信發表言論是很容易的。我相信真理是透過我們的行動來表明。而且我相信，如果有足夠的平凡人以行動支持我們對於一個更美好世界的渴望，我們就能完成絕對不平凡的成就。

裘蒂．威廉斯（Jody Williams）是禁用地雷國際運動的創始協調人，這個組織於一九九七年獲得諾貝爾和平獎。威廉斯原本在薩爾瓦多、宏都拉斯，以及尼加拉瓜從事人道工作。她投入運動始於在地鐵車站外收到一位全球異議分子送給她的傳單。

「我相信」的歷史：一個想法所帶出來的力量

丹・蓋德曼（Dan Gediman）

當時是二〇〇三年三月，我因感冒在家休養。我已經讀完床頭櫃上的所有書籍，渴望閱讀別的東西。我在妻子的書架上找到一本書，不知為何過去從來不曾見過它；這本書的名字是《我相信》。書脊上的文字引起我的好奇心：「獻給艾德華・穆洛」。

乍看之下，我以為一本有五十年歷史、充滿「一百位不同社會階層男女的生活哲學」的書可能枯燥且過時。但是我錯了。這本書正合時宜。穆洛對這本書的簡介彷彿在報導今日的事件。他提到一個「異議經常與顛覆混淆」，以及一個人的信仰和行為「受到調查」的時代。這些話也可能出自二〇〇三年的社論，當時美國正準備向伊拉克開戰，對抗「那裡的」恐怖分子，好讓他們無法攻擊我們「這裡」。此外，愛國者法案（Patriot Act）是爭論的焦點，也是對麥卡錫時代的詭異懷舊。

我很快就被這本書吸引。不只是因為它的內容吸引我，也因為這些書頁背後的想法令我著迷：這些作者都深入剖析他們的內心，分辨他們真正的信仰——然後有勇氣和全世界分享。我要盡我所能地了解這個計畫，以及它產生的經過。

經過好幾個月的研究，我明白了「我相信」的故事。一切始於一九四九年的復活節。瑪戈・崔佛・惠洛克（Margot Trevor Wheelock）是一位成功的費城廣告主管的妻子，她在教會公佈欄上取得神學家約瑟夫・弗特・牛頓（Joseph Fort Newton）的文章節錄，內容是關於追求內在平衡以維護個人生活的必要性。惠洛克太太於隔週因久病而去世，而這篇文章節錄成為她的丈夫瓦德・惠洛克（Ward Wheelock）甚為重視的物品，並且使他與起一探自己信仰的念頭，同時也鼓勵他人這樣做。

之後不久，「我相信」這個想法在四位有力人士的午餐聚會中誕生。這四個人是：瓦德・惠洛克；CBS創辦人兼執行長威廉・帕利（William S. Paley）；CBS費城分部總經理當勞・松柏斯（Donald Thornburgh）；以及艾德華・穆洛，當時世界上最著名——也是最受尊敬——的廣播員。

根據惠洛克的回憶，在這頓午餐中，這幾個人為了美國的靈性狀況大感惋惜——「物質的價值提升，卻失去靈魂的價值」。他們將這種情形歸咎於多項因素，包括「經濟的不確定性、戰爭的陰影、原子彈、為了個人或所愛之人而從軍，以及年輕人面對未來的挫折感。」為了反制這股潮流，這群人決定製作一個五分鐘長度的廣播節目，每天播出，邀請著名的成功人士分享其個人哲學——他們賴以導引其生活的信仰。他們希望這些節目能夠對聽眾產生激勵和幫助。

計畫是由穆洛介紹每個節目，惠洛克贊助，並擔任執行製作人。松柏斯則透過費城廣播電臺，於週間一天播放兩次。帕利的紐約總部提供辦公空間和錄音室，而且如果「我相信」能夠獲得他們所希望的成功，他會把節目提供給CBS旗下的整個廣播網。

穆洛和惠洛克，加上資深製作人艾德華．摩根（Edward P. Morgan），擔任這個系列的編輯群，挑選參與的人士。在第一系列的節目中，他們運用個人和職業關係，兼容並蓄選擇各種立場的著名人士。最初二十個節目的來賓包括一位參議員、幾位商業領袖、一位勞工領袖、兩位大學校長、一位電影製作人、一位哲學教授、一位棒球裁判，以及兩位公認的國家象徵：海倫．凱勒和羅斯福總統。

這個系列開播後不久，「我相信」的工作人員收到一位家庭主婦的來信，她認為這個節目只是想讓傑出及著名人士表現。她更感興趣的是聽到平民百姓的信仰，例如她自己。編輯群接受她的批評。此後，這個系列明確採取更加平民化的方向，收錄計程車司機、教師、碼頭工人、護士、火車服務員、囚犯的文章，當然，也包括家庭主婦。除了這些平民的分享之外，還有大批令人驚訝的著名人士，包括前總統胡佛和杜魯門、最高法院法官威廉．道格拉斯、大受歡迎的演員，例如狄克．鮑威爾和芭芭拉．史坦威克、運動明星，例如棒球名人堂的鮑比．多爾和傑奇．羅賓森，文學巨擘，例如湯瑪斯．曼和卡爾．山德堡，以及許多諾貝爾獎得主，包括愛因斯坦。

當我訪問前任助理製作人唐．莫溫（Don Merwin）關於參與「我相信」的情形時，他分享許多發人深省的故事。他的工作之一是在全國各地旅行，監督各篇文章的錄製。有時候必須和當地的廣播電臺合作，在電臺的錄音室裡進行錄製，有時候則必須把沉重的錄音設備拉到著名人士的家裡或辦公室。莫溫回憶把設備搬到愛因斯坦位於紐澤西州普林斯頓的家中的情形。「我開始裝機，而愛因斯坦博士，他非常平易近人，和我聊天，而且對於錄音機表現出好奇的態度，當時錄音機是相當新鮮的設備。他說：『它是怎麼運作的？』我開始解釋它的電子工程，錄音頭如何把信號刻印到移動的磁帶上。突然間我楞在那裡。我說：『我在教愛因斯坦物理！』」

莫溫和他的同事格來帝斯．張．哈帝常常和文章作者密切合作，預備腳本。大部分人會寄來完整的文章，這樣就只需要進行些微的調整，就可以準備錄音。但是有些名人若非沒有時間，就是沒有能力自己寫文章。常用的解決之道就是前往圖書館，「我相信」的工作人員會進行研究，把受邀者過去發表的著作節錄出來並加以組合，成為一份有條理的腳本，受邀者只需對著麥克風朗讀即可。有時候，莫溫和哈帝採用更加勇敢的方法來捕捉文章作者的真正信仰。

哈帝回憶說：「我和瑪莎．葛理翰談了四個小時。她願意參與節目，但是實在沒有時間去組織。因此，把四個小時的談話濃縮成六百個字，對我而言是一件令人望而生畏的工作，當然她會對腳本進行編輯和修改。但是廣播的是瑪莎．葛理翰的信仰。」

自從該系列於一九五一年三月在費城的WCAU開播以來，幾乎從第一天開始，公眾的反應就很熱烈，而且非常正面。事實上，沒過多久，惠洛克就指派公司的兩位祕書負責回覆每天的郵件。隨著節目迅速受到歡迎，威廉・帕利把節目提供給CBS廣播網。在一週當中，全美有一百九十六家電臺每天至少播放一次該節目，有時在週末會播放兩次或更多。此外，「我相信」也透過日報接觸美國人，全美有超過九十家的報社刊登「我相信」的文章，通常作為每週特刊的內容。

一九五二年，兩本《我相信》作品集中的第一本出版，立即獲得成功，幾天之內初版即銷售一空。精裝本的銷售量超過三十萬本，並蟬連三年的十大暢銷書。此外，哥倫比亞唱片公司發行兩片裝的「我相信」文章錄音組合，同樣也是暢銷產品。

這個系列迅速穿越美國國界，成為全球現象。美洲之聲將「我相信」翻譯為六種語言，每天在全球播放。此外，BBC簽約成為廣播合夥人，協助選擇及錄製一百多位英國作者的文章，然後同時在美國和大英國協播放。由於英國地區的成功，便出版了第二本書，這次收錄五十位美國作者和五十位英國作者的文章。甚至有一本阿拉伯語的書，收錄同樣比例的美國作者和中東作者的作品，三天內就在開羅售出三萬本。

儘管「我相信」漸受歡迎，這個系列卻在惠洛克家族兩次的沉重打擊下突告中止。在一九五四年初，坎貝爾湯品公司中止與瓦德・惠洛克廣告公司的合作。當時坎貝爾的生意占該公司收入的九成，沒有這筆收入，惠洛克無法再贊助這個廣播節目。

致命一擊發生在一九五五年一月，當時惠洛克、他的新婚妻子，以及兩個兒子之一搭乘他的遊艇前往加勒比海。一九五五年一月十八日，他們的船消失於百慕達三角洲。惠洛克僅存的另一子，凱斯，表示：「從那時候起，一直到現在，他們音訊全無。因此那不只是他生命的結束，也使得『我相信』系列絕無復播的可能。」

發生這些事情之後，穆洛同意自費完成剩餘幾篇文章的製作，並於一九五五年四月將最後一次的「我相信」節目送交給廣播電臺，隨後「我相信」節目便緩緩消失在黑暗當中。

今天，在廿一世紀初，當我和同事追隨艾德華・穆洛和他的「我相信」工作人員的偉大足跡時，我們不斷地受到提醒，不要忘卻我們所承接的遺產。我們自視為這個有力想法的管家，不只是為了表現新一代的信仰優點，而是讓人能夠讀到其父母和祖父母那一代令人激勵，而且仍然切合時代需要的話語。在讀完這本書收錄的文章之後，我鼓勵你前往我們的網站（www.thisibelieve.org），深入發掘其他一九五〇年代系列文章內藏的寶藏。我的希望是，你可以和我一樣，發現這些文章跨越數十年仍能如此鏗鏘有力地對我們說話，並且幫助我們思考自己的信仰，而驚奇不已。

失去孩子的痛苦是一個令人淨化的經驗……現在我喜歡付出，更甚於領受。當我愛人時，比我被愛的時候更加快樂。

伊莎貝兒・阿言德

我相信我們不只是小隔間的居民……我相信我們會被創意的力量和美麗所轉變，並建立關係。

梅爾・拉斯諾夫

我相信五成理論。有一半的時間，事情優於常態；另外一半的時間裡，則比常態來得糟。

史蒂夫・波特

在我單調的生活裡，日常的挑戰並不是行善或行惡；很少會到達這麼龐大的層次。大部分的日子裡，我真正的挑戰是選擇行善或袖手旁觀。

戴德·蘇利文

我的家庭在美國興隆繁茂。我相信，藉由遵守我們的家庭儀式，在我生日時餵食猴子，我確保了這份財富。我是否衷心相信這件事？也許。

哈洛德·陶

真要說我有關於生活的運作哲學，那就是：「善待送披薩的人，因為這樣做會帶來好運。」

莎拉·亞當斯

我相信上帝。不是小時候媽媽告訴我的那位，「昔在、今在、永在」、不可捉摸的空中靈體，而是當父親從我們的生命中消失時，擁抱我的那位神。

約翰·芳坦

有些人可能認為，如果我能夠彈指一變，我會選擇成為「正常」。但是，我不想放棄看見美麗、精確畫面的能力。

坦柏·葛蘭汀

我相信愛的要素，相信構成它的一切因素。我相信包含在愛中的種種謙卑而務實的成分，以及它們結合的力量。

傑奇·蘭崔

我相信當我們面對世界時，所擁有的最強大力量就是我國社會的開放性，以及我國人熱情歡迎的天性。

柯林・鮑威爾

我相信我這一代也會目睹更美好的事……我會看到對現在的我而言似乎不可思議的事，正如登陸月球對於十六歲時的祖父而言。

賈許・理登堡

如果我們聆聽兒童話語的時間和教訓他們的時間一樣多，會發生什麼事？如果有某一世代的人能在尊重當中成長，毫無暴力，又會發生什麼事？

葛羅莉亞・史坦能

我相信我可以自由地做我想要成為的人。我相信自己要成為一個好朋友，好情人，和好母親，這樣我就能擁有好朋友，好情人和好兒女。

菲利斯・艾倫

正確的故事是最能幫助我愛自己、給我最大的創造能力、使我愛他人，並在他們的創造中支持他們的故事。因為我相信正是為了這些可怕的經驗，我們才會在這裡。

葛雷格・查普曼

在同樣的層次上，我們都倚賴彼此。有時候這種倚賴只需要我們不做某事……有時候它需要我們和盟友合作行動，甚至和陌生人合作。

華倫・克里斯多夫

我驚訝地知道，在面對自己最強大的恐懼並且全身而退之後，可以獲得難以置信的自由。我相信在降服之中自有力量。

瑪麗・庫克

一般禮節衍生出來的態度是仁慈、同情與體諒。採取這些態度所獲得的回報則是覺得這樣做的感覺很好。

諾曼・可溫

身為完美主義者，以及不斷試圖自我提升的副產品之一，就是清楚感受到自己身為劣等人的焦慮和糾纏不休的無能感……這種焦慮使我保持謙卑。

安東尼・弗西

除非一個人想過著乏味透頂的生活，否則應該接納自己較陰暗的一面和陰暗的精力。

凱・瑞德福・傑米森

「我相信」這個題目似乎需要一些更加私人性的想法，某種信心的跳躍，好幫助一個人看到生命的大銀幕，體會一些遵循的規則。所以我說：「我如此相信——我相信沒有神。」

潘恩・吉列特

曾經有一位亞洲的獨裁者告訴我們，不要再把西方人的價值觀強加在他的人民身上。他說：「我們亞洲人對於人權的感受和美國人不一樣。」我指著自己的臉，告訴他，他錯了。

哈洛德・洪朱・郭

我希望永遠都有我們不知道的事物——關於物理的世界，還有我們自己……我相信站在已知和未知之間的狂喜。

艾倫・萊特曼

我相信獲得真正快樂的途徑，以及一個人的真正價值，取決於我們是否忠實地為大於個人利益的目標效命。

約翰・麥卡因

我相信閱讀擁有絕對和無限的自由。我相信在書堆中遊走，再挑出最先震撼我的內容。我相信用書衣作為選書的原則。

理克・穆迪

真理不是相對的，不是主觀的，它可能無法捉摸或隱藏。人們可能會想忽視真理，但是真理確實存在。

艾若・摩理斯

我相信只有透過同理心，阿爾及利亞的女人、北韓的異議分子、盧安達的孩子，或是伊拉克囚犯的經驗才能在我心中化為真實，而不只是轉眼即逝的新聞。

阿薩兒・納菲西

我相信詩是使人得以在與生俱來的情感混亂、心靈迷惑，以及創傷事件中生存下來的途徑之一。

葛雷格利・歐爾

現在我知道，相信多樣性意味著我需要採取行動的勇氣。行動是使信仰和意見有所區別的關鍵。

艾布・佩特爾

我相信對幸福的追求。不是得到幸福，也不是追求幸福的最終定義，而是追求的過程。

安德魯・蘇利文

我似乎很直覺地相信人類在創意寫作方面的價值……都是一種述說真理、自我表現，以及對創造和知覺這兩大奇蹟表示敬意的方式。

約翰・厄普戴克

一九五〇年「我相信」廣播系列簡介

艾德華・穆洛

我相信。我們以此為節目名稱，為您提供一個新的系列廣播節目，呈現各行各業中思想者的個人哲學。在每天晚上這段簡短的時間裡，會有一位銀行家或肉商，畫家或社會工作者，與您分享他們的生活準則，被他們視為生活基本價值的事物。這些人形形色色，惟一的共同點就是正直——真正的誠實。

我們顯然生活在一個充滿困惑的年代。許多人失去了信仰，代之以苦毒和憤世嫉俗，或代之以沉重的絕望，甚至是歇斯底里的情緒。不同的意見俯首可拾，勇氣、堅毅和信念卻罕見得令人心驚。

有一股恐懼的烏雲圍繞在我們四周，將我們包圍起來——有時候如同高掛在遠處的雷雨雲，有時候則像一片令人窒息的倫敦濕霧般緊貼著我們。有一種生理的恐懼，驅使一些人逃離家園，像土撥鼠一樣挖坑躲進蒙大拿某處峽谷的谷底，試圖逃離原子彈或地獄炸彈或任何可能來襲武器的聲音與怒火，哪怕只是短暫的逃避也好。有一種心理的恐懼，使另外一些人在鄰居的院子裡看到巫婆的影子，並且驅使我們衝動地燒掉對方的房子。還有一種因懷疑而造成、令人毛骨悚然的恐懼——懷疑別人教導我們的東西，懷疑過去我們理所當然地認為會恆久不變的許多事情的合理性。

這個時代比以前更難以區分黑白，分別善惡，明辨是非。在不確知自己未來還有多少展望的情況下，一個人能夠用什麼樣的真理來幫助自己整理混亂且焦慮的心靈？就是為了嘗試回答這樣的問題，我們預備了這些廣播節目。這是一個困難、費神的工作。因為，除了那些依循虔誠的陳腔濫調、教條主義或狹隘偏見思維的人以外（我們對這些偏見毫無興趣），人們不會輕鬆或公開地陳述他們的信仰。

就某種意義而言，我們的節目是對隱私的侵犯，就像命令一個人允許陌生人閱讀他的郵件一樣。盧修斯·克雷將軍曾經說過：「公開一個人的個人處世哲學，跟被迫當眾脫光衣服一樣令人難堪。」羅斯福女士則猶豫了很長的時間，她問我們：「我可以說些什麼對別人有價值的事情呢？」費城的一位鐵路經理剛開始也聲稱，如果我們試圖用五分鐘的時間討論經過深入思考的東西，那麼我們也可以在一個針尖上銘刻主禱文。

我們無意把這段時間化為精神或心理疾病的專利藥櫃，彷彿任何人都可以前來取得智慧的藥丸，像阿司匹靈一樣吞下去，就可以治癒這個年代的頭痛問題。我的信仰也在不停地變化；列舉我不相信的東西，要比列舉我相信的東西簡單得多。儘管如此，在與人們的交談中，在傾聽中，我意識到並非全世界的問題都集中在我身上；別人也有他們的問題，而且往往比我的困擾大上許多。這種認知幫助我以更真確的角度審視自己的問題。在了解他人如何面對問題的過程中，也幫助我對於如何處理自己的困擾獲得新的看法。

如何撰寫你自己的「我相信」散文

我們邀請你撰寫並提交自己的信仰宣言，以支持這個計畫。我們明白這件事所具備的高挑戰性——它需要認真的自我檢視，而且有許多人發現難以開始。我們提供以下的建議，幫助你度過這個過程。

講一個故事：要明確。把你的信仰從虛無中抽取出來，將它建基在生活中的事件上。你的故事不需要是溫暖人心或感人肺腑——它甚至可以是有趣的事——但它應該是真實的。思考你的信仰成形、受考驗，或是改變的時刻。確定你的故事與你的日常生活哲學息息相關，並且符合你的信仰。

簡短：你的文章應該介於三百五十至五百字之間。較短的長度會迫使你把焦點放在生活中心的信仰上。

說明你的信仰：如果你無法用一兩個句子來說明你的信仰，你的文章可能與信仰無關。不要列舉所有信仰，應該考慮專注於一個核心信仰上。

正面態度：說你相信的事，不要說你不相信的事。避免宗教教條的陳述、說教，或是評論。

個人化：你的文章必須與你個人息息相關；使用第一人稱。試著自行高聲朗讀文章數次，每次都加以編輯及簡化，直到你發現能夠真正反應出你的信仰和說話方式的用字、語調和故事。

請光臨www.thisibelieve.org，將完成的文章投稿給「我相信」計畫。

如何在你的族群中使用「我相信」

這個計畫的目標之一是為活躍的公開討論建立更高的標準。我們希望能夠激勵你回憶，鼓勵你分享，並讓你參與能夠塑造你的生命、族群，以及我們社會的個人價值觀和信仰的對話。

撰寫「我相信」文章只是第一步。

我們鼓勵你和朋友、鄰居及熟人聚集在一起，以尊重的態度討論你們閱讀或撰寫的文章——在教室裡，在公共場合，在教會，都可以。為了幫助你在族群中進行這個討論，我們提供以下的工具，可以在我們的網站（www.thisibelieve.org）取得。

教學課程

這本手冊的設計是用來幫助老師導引學生撰寫「我相信」文章。課程分為數個單元，幫助學生了解信仰的概念，並透過精心撰寫的文章來探討自己的價值觀。手冊中包括由學生撰寫的「我相信」範文及相關的練習。

討論指導手冊

我們製作了一份通用的討論手冊，幫助你建立小組，以溫和的方式進行關於信仰和價值觀的討論。它適用於教室、社團、圖書館、長者中心、咖啡館，以及其他公共場所。同時也有一份特別撰寫的手冊，供教會使用。這兩本手冊都提供建立發人省思的對話的基本規則，以及寫作和分享文章的祕訣。

海報及傳單

我們設計了印刷素材，幫助你宣傳在社區中進行的「我相信」活動。你可以下載免費的海報或傳單，並使用相關的資訊進行製作。